高校第二课堂成绩单建设的
探索与实践

高彤彤◎著

吉林出版集团股份有限公司

全国百佳图书出版单位

图书在版编目（CIP）数据

高校第二课堂成绩单建设的探索与实践 / 高彤彤著.

长春：吉林出版集团股份有限公司，2025.4. -- ISBN
978-7-5731-6286-1

Ⅰ. G640

中国国家版本馆CIP数据核字第202556B88Z号

GAOXIAO DI-ER KETANG CHENGJI DAN JIANSHE DE TANSUO YU SHIJIAN

高校第二课堂成绩单建设的探索与实践

著　　者　高彤彤

责任编辑　杨亚仙

装帧设计　清　风

出　　版　吉林出版集团股份有限公司

发　　行　吉林出版集团社科图书有限公司

地　　址　吉林省长春市南关区福祉大路5788号　邮编：130118

印　　刷　长春新华印刷集团有限公司

电　　话　0431-81629711（总编办）

抖 音 号　吉林出版集团社科图书有限公司　37009026326

开　　本　787 mm×1092 mm　1 / 16

印　　张　11.25

字　　数　200 千字

版　　次　2025 年 4 月第 1 版

印　　次　2025 年 4 月第 1 次印刷

书　　号　ISBN 978-7-5731-6286-1

定　　价　58.00 元

前　　言

在当今高等教育体系中，第二课堂成绩单制度作为促进学生综合素质提高和全面发展的重要途径，正逐步成为各高校教育改革与创新的关键环节。随着社会对人才需求的变化，探索与实践第二课堂成绩单制度对于深化高等教育内涵建设、提升人才培养质量具有深远的意义。

第二课堂成绩单制度，作为第一课堂的延伸和补充，旨在通过丰富多样的课外活动和实践经历，全面记录和评价学生的综合素质与能力。这一制度不仅关注学生在课堂内的学术表现，而且重视他们在课堂外的实践、创新、社会服务等多方面的成长与发展。通过构建科学、合理、全面的第二课堂成绩单体系，高校能够更全面地了解学生的综合素质和能力状况，为个性化培养方案的制定和实施提供有力的支持。

本书研究了高校第二课堂成绩单制度的发展概况，包括内涵、理论基础、意义和功效；探讨了建设的理念与逻辑、输出模式以及项目供给体系，涵盖构建原则、概念内涵、供给内容、主要问题和建设策略；还论述了管理与运行机制、教学培养体系、数据分析及应用体系、质量保障与监控，并通过案例分析提供实践经验与启示，为高校第二课堂成绩单建设提供了全面且深入的理论与实践指导。

高彤彤

2024年12月

目　　录

第一章　高校第二课堂成绩单制度发展概况

第一节　第二课堂成绩单制度的内涵

一、高校第二课堂成绩单制度的概述

（一）高校第二课堂成绩单制度的定义与起源

1. 高校第二课堂成绩单制度的定义

高校第二课堂成绩单制度作为一种创新的教育评估体系，旨在全面记录、评价和认证学生在第一课堂（传统课堂教学）之外的学习与实践经历。该制度通过系统化、课程化、制度化的方式，将学生在思想政治引领、素质拓展提升、社会实践锻炼、志愿服务公益、自我管理服务等第二课堂活动中的经历和成果，以"成绩单"的形式进行客观记录、有效认证和科学评价。这一制度的实施不仅丰富了学生的课余生活，而且促进了学生的全面发展，为高校人才培养提供了新的视角和路径。

高校第二课堂成绩单制度的定义涵盖以下几个核心要素：第一，是基于第一课堂的有效补充和延伸，通过实践活动的方式提高学生的综合素质；第二，强调活动的课程化和制度化，确保第二课堂活动的规范性和系统性；第三，注重对学生学习与实践经历的全面记录和评价，为学生提供一份可量化、可呈现的成长足迹；第四，服务于高校人才培养的整体目标，成为学校人才培养评估、学生综合素质评价、社会单位选人用人的重要参考依据。

2. 高校第二课堂成绩单制度的起源

高校第二课堂成绩单制度的起源可追溯至21世纪初，当时共青团中

央、教育部启动实施了大学生素质拓展计划，这一计划为高校共青团拓展了育人领域，占据了活动阵地，树立了工作品牌，形成了制度规范，服务了青年的成长成才。经过十余年的项目实施推进，学生素质拓展计划不仅催生了一批工作品牌和因材施教项目，而且在资源配置、项目供给方面发挥了重要作用，为高校共青团立足第二课堂服务人才培养工作奠定了重要基础。

随着教育资源配置的持续加强与因材施教理念的日益深入实施，学生素质拓展计划逐步完成了其历史使命，而第二课堂活动项目与活动日益丰富，科学有效管理、客观真实记录、全面系统分析、全景反映学生成长等一系列需求日益迫切。在这一背景下，高校第二课堂成绩单制度应运而生。该制度的实施旨在进一步推进高校共青团改革创新，服务学校人才培养根本任务，切实提升广大学生的获得感。

高校第二课堂成绩单制度的起源具有深刻的时代背景和现实需求。一方面，随着社会经济的快速发展和人才竞争的日益激烈，高校需要更加注重学生的综合素质和能力培养，以满足社会对人才的需求；另一方面，随着教育理念的更新和教育技术的进步，高校需要不断探索新的教育模式和评估体系，以适应时代发展的需要。可见，高校第二课堂成绩单制度不仅是对传统教育评估体系的有益补充，而且是高校教育改革和创新的重要举措。

（二）高校第二课堂成绩单制度实施时间与范围

1. 高校第二课堂成绩单制度实施时间

高校第二课堂成绩单制度的实施时间可以追溯至21世纪初，但真正在全国范围内得到推广和实施是在近十年内。具体而言，该制度的实施时间可以划分为以下几个关键阶段，见图1-1。

图1-1　高校第二课堂成绩单制度实施时间的关键阶段

（1）探索与试点阶段（2014—2016）

2014年，共青团中央学校部率先在全国范围内遴选了35所高校，开展"探索打造高校学生第二课堂成绩单"的创新试点工作。这一举措标志着第二课堂成绩单制度正式进入实践探索阶段。这些被选中的高校，作为制度实施的先锋，承担了探索制度实施路径、验证制度可行性的重要任务。它们结合学校自身特色和人才培养目标，设计并实施了各具特色的第二课堂成绩单制度，涵盖了社会实践、志愿服务、创新创业、文体竞赛等多个领域，为学生提供了丰富多样的课外学习和实践机会。

在这一阶段，试点高校不仅积累了丰富的实践经验，而且形成了一系列可复制、可推广的制度模式。同时，这些高校还通过举办研讨会、交流会等形式，分享制度实施的经验和教训，为其他高校提供了宝贵的参考和借鉴。经过为期三年的探索与试点，高校第二课堂成绩单制度在制度设计、内容安排、工作实施、平台建设、理论探索等方面取得了显著成果，逐步形成了相对完善的制度框架和实施机制，为后续制度的全面推广和深入实施提供了有力支撑与保障。

（2）政策制定与发布阶段（2016—2018）

2016年，共青团中央学校部在总结试点经验的基础上，发布了《高校共青团"第二课堂成绩单"制度试点工作实施办法》。该办法明确了制度实施的目标、原则、内容和要求，为各高校提供了具体的操作指南和参考依据。这一政策的出台标志着第二课堂成绩单制度在制度层面得到了正式确立，为后续制度的全面推广和实施奠定了政策基础。随后，在2018年7月，共青团中央、教育部联合印发了《关于在高校实施共青团"第二课堂成绩单"制度的意见》。这一政策的发布不仅进一步明确了制度实施的重要性和紧迫性，而且提出了更为具体和细致的要求。该意见强调了第二课堂成绩单制度在人才培养、学生综合素质评价和社会单位选人用人方面的重要作用，要求各高校结合自身实际情况，制订具体的实施方案和细则，确保制度的顺利运行和有效实施。

政策制定与发布阶段的完成，标志着高校第二课堂成绩单制度在政策层面得到了全面确立和推广，为后续制度的深入实施和不断完善提供了有力的政策支持与保障，也为高等教育领域的人才培养和学生综合素质评价注入了新的活力与动力。

（3）全面推广与实施阶段（2018年至今）

全面推广与实施阶段的核心任务是确保制度的广泛覆盖和深入实施。各高校纷纷将第二课堂成绩单制度纳入学生综合素质评价体系，明确其在学生毕业要求中的重要地位，还积极利用现代信息技术手段，建立第二课堂成绩单网络管理系统，实现对学生第二课堂活动的在线记录、审核和学分认定，提高了管理效率。

在这一阶段，第二课堂成绩单制度不仅在学生综合素质评价方面发挥了重要作用，而且促进了高校人才培养模式的创新。通过将第二课堂活动与第一课堂教学紧密结合，高校为学生提供了更加丰富多样的学习和实践机会，有助于培养学生的创新精神和实践能力。此外，第二课堂成绩单制度还为社会单位选人用人提供了重要参考，提升了学生的就业竞争力，提高了学生的社会适应能力。

2. 高校第二课堂成绩单制度实施范围

高校第二课堂成绩单制度的实施范围涵盖了全国各类高校，包括本科院校、高职高专院校等。在具体的实施过程中，各高校根据自身实际情况和人才培养目标，制订不同的实施方案和细则，但总体上均遵循以下原则和要求：

第一，全面性。第二课堂成绩单制度应涵盖学生在校期间的所有第二课堂活动经历和成果，包括思想政治引领、素质拓展提升、社会实践锻炼、志愿服务公益、自我管理服务等方面。通过全面记录和评价学生的第二课堂经历，可以更加客观、全面地反映学生的综合素质和能力。

第二，系统性。第二课堂成绩单制度应建立科学、系统的学分认定和评价体系，确保学分的公正、合理和可追溯性。各高校应根据自身实际情况和人才培养目标，明确学分构成、认定标准和审核流程等内容，确保制度的规范性和可操作性。

第三，灵活性。第二课堂成绩单制度应具有一定的灵活性，以适应不同高校、不同专业、不同学生的实际需求。各高校可以根据自身实际情况和人才培养目标，制订符合自身特色的实施方案和细则，同时鼓励学生根据自身兴趣和特长自主选择参加第二课堂活动。

第四，实效性。第二课堂成绩单制度应注重实效性和可持续性，确保制度的长期运行和有效实施。各高校应建立健全的管理机制和监督机制，加强对第二课堂活动的组织、管理和评估工作，确保活动的质量和效果。同时，应加强对学生的引导和激励工作，鼓励学生积极参与第二课堂活动并取得优异成绩。

二、高校第二课堂成绩单制度的核心内容

（一）高校第二课堂成绩单制度的目标

高校第二课堂成绩单制度作为高等教育领域内一项创新性的教育改革举措，其核心目标在于通过构建一套全面、科学的评价体系，不仅关注学生的学业成绩，而且重视培养和提高学生的综合素质，同时提升学生的社会竞争力。这一制度的设计与实施旨在实现两个主要目标：一是通过第二课堂活动，全面培养和提高学生的综合素质；二是推动第二课堂活动的科学化和系统化，以确保其教育效果的最大化。

1. 培养和提高学生的综合素质与社会竞争力

在高等教育日益普及和竞争逐渐增强的今天，单纯依赖第一课堂的学术教育已难以满足社会对多元化、高素质人才的需求。高校第二课堂成绩单制度正是基于这一背景应运而生，其首要目标便是通过丰富多样的第二课堂活动，如社会实践、志愿服务、科技创新、文化艺术等，培养和提高学生的综合素质。这些活动不仅有助于学生将所学知识应用于实践，提高解决实际问题的能力，而且能在过程中锻炼学生的沟通协作、创新能力等软技能，这些都是未来职场中不可或缺的素质。此外，第二课堂成绩单制度通过记录学生参与活动的经历与成果，为学生提供了一个展示自我、证明能力的平台。这份成绩单不仅是对学生综合素质的全面反映，而且是学生求职时的重要参考，有助于提升其在就业市场上的竞争力。特别是在当前用人单位越来越注重求职者实践经验和综合素质的趋势下，第二课堂成绩单成为学生展示自己非学术能力的重要凭证。

2. 实现第二课堂活动的科学化和系统化

长期以来，高校第二课堂活动虽然丰富多样，但是往往缺乏统一的管理和评价体系，导致活动效果参差不齐，难以形成持续的教育影响力。高校第二课堂成绩单制度的实施正是为了改变这一现状，推动第二课堂活动的科学化和系统化。一方面，该制度要求高校对第二课堂活动进行统一规划和管理，明确活动的目标、内容、形式及评价标准，确保每项活动都能围绕培养学生的综合素质这一目标展开。通过制订详细的活动计划和实施方案，以及建立相应的监督机制，可以确保第二课堂活动的有序进行和高质量完成。另一方面，第二课堂成绩单制度的实施还促进了第二课堂活动与第一课堂教学的有机融合。通过将第二课堂活动纳入学生综合素质评价体系，并与学分、奖学金等挂钩，可以激励学生积极参与课外活动，同时促使教师在第一课堂教学中引导学生关注实践、注重应用，从而实现课内外的良性互动和相互促进。此外，第二课堂成绩单制度的科学化、系统化还体现在对活动效果的评估与反馈上。通过收集学生的活动反馈、评价数据及用人单位的反馈意见，可以对第二课堂活动的效果进行客观评估，及时发现问题并进行调整优化，以确保活动的教育效果最大化。

（二）高校第二课堂成绩单制度的学分体系

1. 学分构成模块

高校第二课堂成绩单制度学分体系作为高等教育评价体系的重要组成部分，其设计旨在全面、科学地评估学生的综合素质和实践能力，促进学生全面发展。学分构成模块是该体系的核心内容之一，涵盖了学生在思想成长、创新创业、志愿公益、社会实践、文艺体育、技能培训等多个领域的经历和成果，见表1-1。

表1-1 高校第二课堂成绩单制度学分构成模块

学分构成模块	主要内容	评估目的
思想成长	党校、团校培训，思想引领活动，入党、入团情况	评估学生的思想政治素质，培养社会责任感和使命感
创新创业	创新创业竞赛、活动，学术论文、调研报告，技术专利	评估学生的创新思维和创业能力，激发创新潜能

学分构成模块	主要内容	评估目的
志愿公益	志愿服务、公益劳动等活动经历，相关荣誉	评估学生的社会责任感和奉献精神，培养社会公益意识
社会实践	社会实践、实习实训等活动经历，相关荣誉	评估学生的实践能力和社会适应能力，提高综合素质
文艺体育	文艺演出、体育竞赛等活动经历，相关荣誉	评估学生的文化艺术修养和体育竞技水平，促进全面发展
技能培训	技能培训、竞赛经历，相关技能认定	评估学生的职业技能水平，提升就业竞争力

（1）思想成长模块

思想成长模块是高校第二课堂成绩单制度学分体系中的重要组成部分，主要聚焦于学生在政治觉悟、道德品质、思想引领等方面的全面发展。该模块通过记录学生参与党校、团校等各类培训的经历，以及他们投身思想引领类活动的热情与成果，同时考查学生的入党、入团等重要政治历程，以此来全面评估学生的思想政治素质。此模块的设立不仅旨在深化学生的社会责任感与使命感，而且致力于引导学生逐步树立起正确的世界观、人生观、价值观，为他们的未来成长奠定坚实的思想基础，确保他们能够在复杂多变的社会环境中保持坚定的政治立场和高尚的道德情操。

（2）创新创业模块

创新创业模块作为高校第二课堂成绩单制度学分体系的核心环节，其重要性不言而喻。这一模块着重评估并培养学生的创新思维与创业能力，通过全面记录学生参与各类创新创业竞赛、活动的实际情况以及他们在学术领域发表的论文、调研报告，乃至取得的技术专利等具体成果，综合反映学生的创新创业实践能力和所取得的成就。该模块不仅关注学生在理论层面的探索，而且重视他们在实践中的尝试与突破，旨在通过一系列实践活动，有效激发学生的创新潜能，培养他们敏锐的商业洞察力、坚韧不拔的创业精神、扎实的实践能力。通过这一模块的历练，学生将更好地适应未来社会的发展需求，成为具有创新精神和实践能力的复合型人才。

（3）志愿公益模块

志愿公益模块在高校第二课堂成绩单制度学分体系中占据着举足轻重

的地位，集中体现了对学生社会责任感与奉献精神的高度重视。此模块通过细致入微地记录学生参与支教助残、社区服务、公益环保等一系列志愿服务活动的经历，以及他们在这些活动中所获得的相关荣誉，全面而深入地评估学生的社会责任感和奉献精神。通过这些实践活动，学生不仅能够亲身体验到帮助他人、服务社会的乐趣，而且能够在实践中逐步树立起正确的社会公益意识，进一步增强他们的社会责任感。志愿公益模块的设立不仅是对学生个人品德修养的一次重要锤炼，而且是对他们未来成为有担当、有爱心、有责任感的社会公民的有力奠基。

（4）社会实践模块

社会实践模块是高校第二课堂成绩单制度学分体系中的一个重要组成部分，着重关注学生将课堂所学知识转化为实际工作能力的能力。该模块通过记录学生参与社会实践、实习实训等各类活动的经历，包括他们在实践中遇到的问题、解决问题的方法及所获得的成果，同时考查学生在这些活动中获得的相关荣誉，以此来全面评估学生的实践能力和社会适应能力。通过社会实践模块的历练，学生不仅能够更好地理解和应用所学知识，而且能够在实践中锻炼自己的沟通协调能力、团队合作精神和解决问题的能力，进而提高自身的综合素质。此外，丰富的社会实践经历也是学生未来就业时的重要竞争力，有助于他们在激烈的就业市场中脱颖而出。

（5）文艺体育模块

文艺体育模块在高校第二课堂成绩单制度学分体系中聚焦于学生在文化艺术和体育活动领域的表现与成就，通过详尽地记录学生参与各类文艺演出、体育竞赛等活动的经历，不仅涵盖了他们在舞台上的精彩瞬间，而且包括了他们在赛场上的奋力拼搏，还注重收集学生在这些活动中所获得的相关荣誉，以此来全面评估学生的文化艺术修养和体育竞技水平。该模块的设立，旨在通过丰富多彩的文艺体育活动，培养学生的审美情趣，提高他们的身体素质，进而促进学生的全面发展。通过这一模块的历练，学生将在享受艺术魅力的同时，在体育竞技中锤炼意志，为成为德智体美劳全面发展的社会主义建设者和接班人奠定坚实的基础。

（6）技能培训模块

技能培训模块作为高校第二课堂成绩单制度学分体系的关键组成部分，其核心在于关注学生职业技能的培育与提升。该模块通过系统地记录学生参与各类技能培训课程、工作坊、竞赛等实践活动的经历，不仅关注学生的学习过程，而且重视他们通过实践所获得的技能提升和成果展示。同时，模块还强调对学生获得的相关技能认定的记录，如职业资格证书、技能等级证书等，以此作为评估学生职业技能水平的重要依据。技能培训模块的设立，旨在通过专业化、系统化的技能培训，提升学生的就业竞争力，使他们能够更好地适应未来职场的需求和挑战。通过这一模块的深入学习与实践，学生将能够掌握扎实的职业技能，为未来的职业生涯奠定坚实的基础。

2. 学分要求与分配

高校第二课堂成绩单制度学分体系在学分要求与分配上，充分体现了科学性与合理性的原则。一般而言，该学分体系对学生在校期间需获得的第二课堂学分总量有明确的要求，如四年制本科学生在校学习期间应至少获得5个第二课堂学分方可毕业，专升本学生应至少获得2个第二课堂学分等。在学分分配上，该学分体系根据各模块的重要性和难易程度进行了科学合理的分配。例如，思想成长、创新创业、志愿公益、社会实践等模块被设定为必修学分，要求学生必须获得相应学分方可毕业；文艺体育、技能培训、工作履历等模块被设定为选修学分，学生可以根据自己的兴趣和特长进行选择性参与。

此外，该学分体系还采用了积分折算方式，要求学生在各模块中必须获得相应学分，对于创新创业、工作履历、技能特长等模块，积分可进行累计，累计后必须获得相应学分。这种积分折算方式既保证了学分的科学性，又兼顾了学生的个性化发展需求。值得注意的是，高校第二课堂成绩单制度学分体系的具体要求与分配可能会因学校、专业等因素而有所差异。因此，各高校在制订具体实施方案时，应充分考虑自身实际情况和学生特点，确保学分体系的科学性与合理性。

第二节　第二课堂成绩单制度的理论基础

一、第二课堂成绩单制度的教育学基础

（一）教育目标多元化理论

教育目标多元化理论是现代教育理论的重要组成部分，强调教育应关注并培养学生的全面发展，而非单一的知识技能掌握。该理论主张，教育目标应涵盖认知、情感、技能、价值观等多个维度，旨在培养具有创新精神、实践能力、社会责任感、良好人文素养的复合型人才。在教育目标多元化理论的指导下，教育不局限于传统的课堂教学，而是更加注重学生个性发展、兴趣培养和社会实践能力的提高。教育目标多元化理论强调教育评价体系的多元化，即评价应关注学生的全面发展，而非单一的知识技能掌握。第二课堂成绩单制度正是这一理念在教育评价领域的具体实践。该制度通过设立多元化的评价体系，全面记录学生在第二课堂活动中的表现和成就，实现了对学生综合素质的全面评价。

具体来说，第二课堂成绩单制度不仅关注学生的学业成绩，而且重视学生在第二课堂活动中的实践经历、创新能力、社会责任感等方面的表现。这种多元化的评价体系有助于打破传统单一的知识技能评价模式，促进学生的全面发展。同时，该制度还通过设立学分或积分制，将学生在第二课堂活动中的表现和成就纳入学校的人才培养方案，实现了第二课堂与第一课堂的有机衔接和互动互补，为构建全面、科学、公正的教育评价体系提供了有力的支持。此外，第二课堂成绩单制度还通过定期发布活动一览表、在线报名、打卡签到、颁奖、颁发学分等功能，实现了对学生参与第二课堂活动的全程记录和跟踪评价。这种动态化的评价体系有助于及时发现和解决学生在参与活动过程中存在的问题与不足，为他们提供有针对性的指导和帮助，促进他们的全面发展和成长。

（二）全人教育理论

1. 全人教育理论的核心要义与第二课堂成绩单制度的契合

全人教育理论作为一种整合了"以社会为本"与"以人为本"两种教育观点的教育理念，强调教育应致力于培养全面发展的人。这一理论主张教育不仅应关注学生的认知发展，而且应涵盖情感、道德、身体、审美、社会交往等多个维度，以促进学生整体素质的全面提高。全人教育的目标在于培养具有健全人格、良好道德、丰富情感、强健体魄、创新思维和社会责任感的个体，使其能够适应复杂多变的社会环境，实现个人价值与社会价值的统一。第二课堂成绩单制度作为高校教育创新的重要组成部分，与全人教育理论有着深刻的契合。该制度通过设立多个模块，全面记录学生在课堂之外的学习与实践经历，旨在促进学生的全面发展。这些模块不仅涵盖了全人教育理论所强调的认知、情感、道德、身体、审美、社会交往等多个维度，而且通过实践活动将理论知识与实际应用相结合，实现了理论与实践的有机结合。

2. 全人教育理论视角下第二课堂成绩单制度的实施策略与效果评估

（1）全人教育理论视角下第二课堂成绩单制度的实施策略

在全人教育理论的指导下，第二课堂成绩单制度的实施应注重以下几个方面：一是模块设置的全面性，确保涵盖全人教育理论所强调的多个维度；二是实践活动的多样性，提供丰富多样的实践机会，满足学生不同的兴趣和需求；三是评价体系的多元化，建立科学、全面、公正的评价体系，全面记录学生在第二课堂活动中的表现和成就；四是资源整合与共享，充分利用校内外资源，为学生提供优质的实践平台和学习资源。

（2）全人教育理论视角下第二课堂成绩单制度的效果评估

全人教育理论视角下第二课堂成绩单制度的效果评估应关注以下几个方面：一是学生全面发展的程度，通过对比分析学生在不同模块中的表现和成就，评估其在认知、情感、道德、身体、审美、社会交往等多个维度上的提升；二是实践活动的参与度与成效，通过统计学生参与实践活动的次数、时长和成果，评估其在实践活动中的积极性和实际效果；三是评估体系的科学性与公正性，通过收集学生、教师和学校管理层对评价体系的反馈意见，评估其在促进学生全面发展方面的作用；四是资源整合与共享的效果，通过评估校内外资源的整合与利用情况，判断其在支持学生全面发展方面的贡献。

二、第二课堂成绩单制度的心理学基础

（一）认知发展理论

1. 认知发展理论的核心观点及其对第二课堂成绩单制度的理论支撑

认知发展理论作为心理学领域的重要分支，由皮亚杰等学者提出并发展，其核心在于探讨个体认知结构如何随着时间和经验的积累而逐步发展。该理论强调个体在与环境的互动中，通过不断的同化与顺应的过程，构建并优化自身的认知体系。认知发展理论不仅关注认知能力的阶段性发展，而且强调认知过程的动态性和适应性。第二课堂成绩单制度作为高校教育改革的一种创新实践，其核心理念与认知发展理论高度契合。该制度旨在通过记录和评价学生在课堂之外的学习与实践经历，全面反映学生的成长足迹和综合素质，进而促进学生的全面发展。从认知发展理论的视角来看，第二课堂成绩单制度具有以下几个方面的理论支撑：

第一，第二课堂成绩单制度强调学生的主体性和自主性，鼓励学生在课堂之外进行自主学习和实践探索，与认知发展理论中个体主动构建认知结构的观点相一致。通过参与多样化的实践活动，学生能够主动与环境互动，不断同化新信息，顺应新情境，从而推动认知结构的优化和发展。

第二，第二课堂成绩单制度注重学生的个体差异和个性化发展。认知发展理论指出，每个个体的认知发展路径和速度都是独特的。第二课堂成绩单制度通过记录和评价学生在不同领域与活动中的表现，能够更全面地了解学生的认知发展水平和兴趣，从而为个性化教育提供支持。这种个性化的教育策略有助于满足学生的认知发展需求，促进他们的全面发展。

2. 认知发展理论视角下第二课堂成绩单制度的实施与效果评估

（1）认知发展理论视角下第二课堂成绩单制度的实施

在认知发展理论的指导下，第二课堂成绩单制度的实施应注重以下几

个方面：

第一，提供丰富多样的实践活动，以满足学生不同认知发展阶段的需求。这些活动应涵盖不同领域和难度层次，以便学生能够根据自己的兴趣和能力选择适合的实践项目。通过参与这些活动，学生能够在与环境的互动中不断优化自己的认知结构，提升认知水平。

第二，鼓励学生进行自主学习和实践探索。教师应引导学生主动发现问题、解决问题，培养他们的创新能力。学校应为学生提供必要的资源和支持，如图书馆、实验室、网络平台等，以便学生能够顺利进行自主学习和实践探索。

第三，关注个体差异和个性化发展。教师应根据学生的认知发展水平和兴趣，为他们提供个性化的指导和支持。例如，对于认知能力较强的学生，可以提供更具挑战性的实践项目；对于兴趣浓厚的学生，可以引导他们深入研究相关领域。通过个性化的教育策略，能够满足学生的认知发展需求，促进他们的全面发展。

（2）认知发展理论视角下第二课堂成绩单制度的效果评估

第一，评估学生的认知发展水平是否得到提升，可以通过对比分析学生参与第二课堂活动前后的认知测试结果来实现。例如，可以考查学生在问题解决能力等方面的进步情况。

第二，评估学生的实践能力是否得到提高，可以通过观察学生在实践活动中的表现来实现。例如，可以考查学生在团队协作、项目策划、实验操作等方面的能力是否得到提高。

第三，评估学生的学习兴趣和动力是否得到激发，可以通过调查学生的反馈意见和参与度来实现。例如，可以考查学生对第二课堂活动的满意度、参与度，以及他们在活动中的表现情况。通过这些评估指标，可以全面了解第二课堂成绩单制度的实施效果，为进一步优化和完善该制度提供依据。

（二）动机与兴趣理论

1. 动机与兴趣理论框架下的第二课堂成绩单制度解析

动机与兴趣理论作为心理学领域内探讨个体行为激励机制的重要理

论，为理解第二课堂成绩单制度提供了独特的视角。动机，作为驱动个体行为的内在力量，可以分为内在动机与外在动机。内在动机源于个体对活动的内在兴趣、好奇心以及追求自我实现的需求；外在动机则与奖励、惩罚、社会评价等外部因素紧密相连。兴趣，作为动机的一种特殊形式，是个体对特定活动或领域的积极情感和倾向，能够激发个体的探索欲望和学习动力。

第二课堂成绩单制度作为高校教育改革的一种创新模式，其设计初衷与动机与兴趣理论的核心观点不谋而合。该制度通过记录和评价学生在课堂之外的学习与实践经历，旨在激发学生的内在动机和兴趣，引导他们积极参与多样化的活动，从而促进其全面发展。在动机与兴趣理论的框架下，第二课堂成绩单制度通过提供丰富多样的实践活动，满足学生的内在需求和好奇心。这些活动不仅涵盖了学术研究的各个领域，而且涉及社会实践、志愿服务、创新创业、文化艺术等多个方面，为学生提供了广阔的探索空间和选择余地。学生在参与这些活动的过程中，可以根据自己的兴趣和专长进行自主选择，从而激发内在动机，主动投入学习和实践。

第二课堂成绩单制度注重培养学生的自我效能感和成就感。自我效能感是指个体对自己能否成功完成某一任务的信念和预期。通过参与第二课堂活动并取得一定的成果，学生能够感受到自己的能力和价值，从而增强自我效能感。第二课堂成绩单制度还通过记录和评价学生的表现，为他们提供了明确的反馈和认可，进一步激发了他们的成就感和荣誉感。此外，第二课堂成绩单制度通过构建积极的外部动机环境，促进学生的持续发展。该制度通过设立奖项、颁发证书、提供奖学金等方式，对学生的优秀表现进行认可和奖励，从而构建积极的外部动机环境。这种环境能够激发学生的竞争意识和进取心，促使他们不断努力提高自己的能力和素质。

2. 动机与兴趣理论视角下第二课堂成绩单制度的实施策略与效果评估

（1）动机与兴趣理论视角下第二课堂成绩单制度的实施策略

在动机与兴趣理论的指导下，第二课堂成绩单制度的实施应提供个性化、差异化的实践活动。为了满足不同学生的内在需求和兴趣，学校应设计多样化、层次化的实践活动，让学生根据自己的兴趣和专长进行自主选择，关注学生的个体差异和特殊需求，为他们提供个性化的指导和支持。学校还应为学生提供必要的资源和支持，帮助他们成功完成第二课堂活动并取得一定的成果。通过定期的评价和反馈，让学生了解自己的进步和不足，从而增强他们的自我效能感和成就感。此外，学校应设立合理的奖励机制，对学生的优秀表现进行认可和奖励，还应加强与社会各界的合作，为学生提供更多的实践机会和就业渠道，从而激发他们的外部动机和进取心。

（2）动机与兴趣理论视角下第二课堂成绩单制度的效果评估

第一，评估学生的内在动机和兴趣是否得到激发，可以通过观察学生在实践活动中的参与程度、投入时间和精力的情况来实现，还可以通过调查问卷、访谈等方式，了解学生对第二课堂活动的态度和感受。

第二，评估学生的自我效能感和成就感是否得到增强，可以通过分析学生在实践活动中的表现和成果来实现。例如，可以考查学生在完成项目、解决问题、创新创造等方面的能力和素质是否得到提高。

第三，评估外部动机环境是否对学生的发展产生积极影响，可以通过分析学生的就业情况、社会实践经历、获奖情况等方面来实现。例如，可以考查学生在第二课堂活动中获得的经验和技能是否对他们的未来发展产生积极的推动作用。

三、第二课堂成绩单制度的管理学基础

（一）绩效管理理论

1. 绩效管理理论视角下的第二课堂成绩单制度解析

绩效管理理论作为管理学领域中的核心理论之一，强调通过设定明确的目标、制定科学的评价标准、实施有效的激励措施、提供及时的反馈与指导，以实现组织和个人绩效的持续提升。第二课堂成绩单制度，作为高校教育创新的一种实践模式，其设计理念和运作机制与绩效管理理论有着深刻的契合。从绩效管理理论的角度来看，第二课堂成绩单制度可以被视为一种针对学生参与第二课堂活动绩效的管理体系。这一体系通过设定多样化的活动项目、制定明确的评价标准、实施有效的激励措施、提供及时

的反馈与指导，旨在激发学生的积极性、主动性和创造性，促进他们在课堂之外的学习与实践活动中取得更好的成绩和表现。

具体来说，第二课堂成绩单制度通过设定多样化的活动项目，为学生提供了丰富的选择空间和探索机会，有助于激发学生的内在动机和兴趣，从而增强他们的参与意愿和投入程度。该制度还通过制定明确的评价标准，对学生在第二课堂活动中的表现进行客观、公正的评价，有助于引导学生明确学习方向，提高学习效率。此外，第二课堂成绩单制度还通过实施有效的激励措施，如设立奖项、颁发证书、提供奖学金等，对学生的优秀表现进行认可和奖励，有助于激发学生的竞争意识和进取心，促进他们在活动中取得更好的成绩。该制度还通过提供及时的反馈与指导，帮助学生了解自己的优势和不足，制订个性化的学习计划和发展规划，从而实现个人绩效的持续提升。

2. 绩效管理理论指导下的第二课堂成绩单制度的实施策略与优化路径

（1）绩效管理理论指导下的第二课堂成绩单制度的实施策略

第一，设定明确的目标和期望。学校应根据学生的实际情况和发展需求，设定清晰、具体、可衡量的目标和期望，以引导学生明确学习方向，提高学习效率。这些目标和期望可以包括学生在第二课堂活动中的参与程度、投入时间和精力、取得的成果和表现等方面。

第二，制定科学的评价标准和流程。学校应建立一套科学、公正、透明的评价标准和流程，对学生在第二课堂活动中的表现进行客观、全面的评价。这些评价标准可以包括学生在活动中的参与度、创新能力、团队协作能力、社会责任感等方面，评价流程也应注重公开、公正、公平，确保评价结果的客观性和可信度。

第三，实施有效的激励措施。学校应根据学生的表现和需求，制订多样化的激励措施，如设立奖项、颁发证书、提供奖学金等，以激发学生的积极性和创造力。这些激励措施应注重物质奖励和精神奖励相结合，以满足学生不同方面的需求。学校还应注重激励措施的公平性和可持续性，以确保其长期有效性。

第四，提供及时的反馈与指导。学校应定期对学生在第二课堂活动中的表现进行反馈和指导，帮助他们了解自己的优势和不足，制订个性化的学习计划和发展规划。这些反馈和指导可以包括对学生的表现进行客观评价、提供改进建议、分享成功案例等方面。学校还应注重反馈与指导的及时性和有效性，以确保其能够真正促进学生的发展。

（2）绩效管理理论指导下的第二课堂成绩单制度的优化路径

在绩效管理理论的指导下，第二课堂成绩单制度的优化路径可以包括以下几个方面：

第一，完善评价标准和流程的公正性与透明度。学校应建立一套更加公正、透明的评价标准和流程，确保评价结果的客观性和可信度，包括加强对评价标准的解释和说明、增强评价过程的公开性和透明度、建立申诉机制等方面。

第二，丰富激励措施的形式和内容。学校应根据学生的表现和需求，制订更加丰富多样的激励措施，如设立更多类型的奖项、提供更多的奖学金和助学金、开展优秀学生表彰大会等，以激发学生的积极性和创造力。激励措施还应注重物质奖励和精神奖励相结合，以满足学生不同方面的需求。

第三，加强反馈与指导的及时性和有效性。学校应建立更加及时、有效的反馈与指导机制，帮助学生及时了解自己的表现和不足，制订个性化的学习计划和发展规划，包括加强对学生的个别辅导、提供更多的学习资源和支持、建立在线交流平台等方面。

（二）组织行为学理论

1. 组织行为学新视角下第二课堂成绩单制度的深度剖析

在组织行为学的最新研究视角下，第二课堂成绩单制度不仅是一个教育管理的创新实践，而且是一个涉及个体心理、群体动力和组织文化的多维度系统。这一制度通过精心设计的活动体系、评价机制和激励机制，深刻地影响着学生的行为选择、学习动力、团队协作能力。

从个体心理层面看，第二课堂成绩单制度通过提供多样化的活动选择和明确的评价标准，满足了学生个性化的学习需求和成就动机。根据组织行为学中的自我决定理论，个体具有自主性、胜任感和归属感的内在需求。第二课堂成绩单制度通过让学生自主选择感兴趣的活动，并在完成活动后获得成就感和认可，满足了这些内在需求，从而激发了学生的学习动力和积极性。

从群体动力层面看，第二课堂成绩单制度促进了学生之间的交流与合作，增强了团队的凝聚力，提高了学生的协作能力。组织行为学中的社会认同理论认为，个体倾向于将自己归类于特定的社会群体，并寻求与该群体的认同和一致。第二课堂成绩单制度通过组织团队活动和项目，为学生提供了共同的目标和任务，促使他们在合作中相互了解、信任和支持，从而增强了团队的凝聚力，提高了学生的协作能力。

从组织文化层面看，第二课堂成绩单制度体现了高校对创新教育和素质教育的重视，塑造了一种积极向上、开放包容的组织文化。这种文化不仅影响着学生的行为选择和价值取向，而且引导着教师的教学理念和教育方式。通过第二课堂成绩单制度的实施，高校营造了一种鼓励创新、尊重差异、注重实践的教育氛围，为学生的全面发展提供了有力的支持。

2. 组织行为学新视角下第二课堂成绩单制度的优化策略

（1）增强内在动力与自我效能感

在组织行为学中，个体的动机与自我效能感是影响其行为和绩效的关键因素。针对第二课堂成绩单制度的优化，首要任务是激发学生的内在动力和自我效能感，使其从被动参与转变为主动探索，应设计多样化的活动项目，以满足学生不同的兴趣和需求。根据自我决定理论，个体具有自主性、胜任感和归属感三种基本心理需求。第二课堂成绩单制度应提供丰富多样的活动选择，如科研创新、社会实践、文体艺术等，让学生根据自己的兴趣和特长自主选择参与，从而增强其内在动力。建立明确的评价标准和反馈机制，以提升学生的自我效能感。自我效能感是指个体对自己完成某项任务的能力的信心。第二课堂成绩单制度应设定清晰、具体的评价标准，及时给予学生正面反馈，让他们感受到自己的进步和成就，从而提升自我效能感。此外，还可以通过设立奖励机制，如优秀学员表彰、奖学金评定等，进一步激发学生的内在动力。这些奖励机制应与学生的实际表现相挂钩，确保其公正性和有效性。

（2）增强团队合作与群体凝聚力

群体动力是组织行为学中的另一个重要概念，强调群体内部成员之间的相互作用和影响。在第二课堂成绩单制度的优化中，应充分利用群体动力，促进学生之间的合作与交流，增强团队凝聚力和群体效能，设计需要团队合作才能完成的项目和任务。这些项目和任务应具有一定的挑战性与创新性，以激发学生的探索欲望和创造力，通过团队合作，学生可以学会如何分工协作、沟通协调，提高团队合作能力。团队管理者应具备良好的沟通能力和协调能力，能够及时了解团队成员的需求和困难，提供必要的支持和帮助，还可以通过组织团队建设活动、开展团队培训等方式，进一步增强团队凝聚力和群体效能。此外，还可以通过设立团队奖励机制，如优秀团队表彰、团队竞赛奖励等，进一步激发学生的团队合作意愿和积极性。这些奖励机制应体现团队的整体表现和合作精神，确保其公正性和有效性。

（3）营造积极氛围与创新文化

组织文化是组织行为学中的一个核心概念，指的是组织内部成员所共同遵循的价值观、信念和行为规范。在第二课堂成绩单制度的优化中，应构建积极向上的组织文化，营造鼓励创新、尊重差异的良好氛围，树立以学生为中心的教育理念。第二课堂成绩单制度应始终围绕学生的需求和兴趣进行设计，关注学生的个性化发展；还应鼓励学生积极参与决策过程，提出自己的意见和建议，增强其参与感和归属感。创新是高等教育的重要使命之一，第二课堂成绩单制度应鼓励学生勇于尝试新事物、敢于挑战传统观念，培养其创新意识和创新能力，尊重学生的个性差异和多元需求，为其提供多样化的学习和发展机会。此外，还可以通过开展丰富多彩的校园文化活动、组织学术交流与研讨等方式，进一步丰富组织文化内涵，营造积极向上的良好氛围。这些活动应具有一定的教育意义和趣味性，能够吸引学生的广泛参与和关注。

第三节 第二课堂成绩单制度的意义和功效

一、高校第二课堂成绩单制度的意义

（一）适应教育改革潮流，推动综合素质教育

1. 适应教育改革潮流，促进教育模式的创新与优化

随着社会的快速发展和科技的日新月异，高等教育作为培养高素质人才的重要阵地，其改革势在必行。高校第二课堂成绩单制度正是在这样的背景下应运而生，适应了教育改革潮流，促进了教育模式的创新与优化。第二课堂成绩单制度体现了教育理念的更新。该制度强调学生的全面发展，不仅关注学生的学业成绩，而且重视学生的实践能力、创新精神、社会责任感等综合素质。这一理念与当前教育改革中强调的"立德树人""全面发展"等核心要求高度契合，为高等教育注入了新的活力。

第二课堂成绩单制度通过组织各种形式的课外活动、社会实践、志愿服务等，为学生提供了更广阔的学习空间和实践机会。这些活动不仅有助于学生将所学知识应用于实践，而且能培养他们的团队协作能力、沟通能力和解决问题的能力，从而全面提高学生的综合素质。此外，第二课堂成绩单制度还促进了教育评价体系的完善。该制度通过客观记录学生参与第二课堂活动的经历和成果，并对其进行科学评价，为学生提供了更加全面、客观的评价标准。这种评价体系不仅有助于激发学生的内在动力，而且能引导他们更加积极地参与各种有益的活动，从而实现自我提升和全面发展。

2. 推动综合素质教育，提高学生综合素质与就业竞争力

综合素质教育是当前高等教育的重要目标之一，旨在培养学生的创新精神、实践能力、人文素养和社会责任感等多方面的素质。高校第二课堂成绩单制度在推动综合素质教育方面发挥了重要作用，有效提高了学生的综合素质，提升了学生的就业竞争力。第二课堂成绩单制度有助于培养学

生的创新精神和实践能力，通过参与各种形式的课外活动、社会实践和志愿服务等，学生能够接触到更多实际问题和挑战，从而激发他们的创新思维和实践能力。

第二课堂成绩单制度有助于提高学生的人文素养，增强社会责任感。通过参与各种文化活动、志愿服务等，学生能够更深入地了解社会、关注民生，从而培养他们的社会责任感和公民意识，这些活动还能提高学生的文化素养和审美能力，使他们更加具备全面发展的素质。此外，第二课堂成绩单制度还为学生提供了更多展示自我、证明自我的机会。通过参与各种活动和项目，学生能够积累丰富的实践经验和成果，并在第二课堂成绩单上得到客观记录和科学评价。这些成果不仅有助于学生增强自信心和自豪感，而且能为他们在未来的就业竞争中提供有力的支持。

（二）满足学生个性化需求，促进全面发展

1. 满足学生个性化需求，促进教育公平与多样性

随着社会的快速发展和科技的日新月异，学生对于教育的需求也日益多样化。高校第二课堂成绩单制度的实施，可以满足学生的个性化需求。第二课堂成绩单制度为学生提供了多样化的选择空间。该制度涵盖了学术研究、创新创业、文化艺术、体育竞技、社会实践等多个领域，学生可以根据自己的兴趣和特长，选择适合自己的活动进行参与。这种多样化的选择不仅有助于激发学生的学习兴趣和动力，而且能帮助他们发掘自己的潜力和优势。

第二课堂成绩单制度通过记录学生在各个领域的表现和成果，为他们提供了个性化的评价和发展建议，这种个性化的评价方式有助于引导学生根据自己的特点和需求进行有针对性的学习与提升。此外，第二课堂成绩单制度还有助于促进教育公平。第二课堂成绩单制度为一些具有特殊才能和兴趣的学生提供了展示自己才华的平台与机会，使他们能够得到应有的关注和支持，从而实现全面发展。

2. 促进学生全面发展，提高综合素质，提升竞争力

高校第二课堂成绩单制度的实施不仅满足了学生的个性化需求，而且促进了学生的全面发展。这一制度通过引导学生参与多种多样的课外活动

和社会实践，提高了他们的综合素质，提升了竞争力。第二课堂成绩单制度有助于培养学生的实践能力和创新精神。第二课堂成绩单制度通过组织各种形式的实践活动和创新项目，为学生提供了锻炼自己实践能力和创新精神的机会。

第二课堂成绩单制度有助于增强学生的社会责任感和公民意识。通过参与社会实践和志愿服务等活动，学生能够更深入地了解社会、关注民生，从而培养他们的社会责任感和公民意识。这种责任感和意识的增强不仅有助于学生形成正确的世界观、人生观、价值观，而且能为他们的未来发展打下坚实的基础。此外，第二课堂成绩单制度还有助于提高学生的综合素质，提升竞争力。在当前激烈的就业竞争中，仅仅依靠学业成绩已经难以满足用人单位的需求，第二课堂成绩单制度则通过记录学生在多个领域的表现和成果，为他们提供了全面的评价和发展建议。这种全面的评价方式有助于用人单位更全面地了解学生的能力和素质，从而提升他们的就业竞争力。

（三）增强共青团工作的科学性与规范性

1. 增强共青团工作的科学性，实现精准管理与有效引导

高校第二课堂成绩单制度通过借鉴第一课堂教学育人机理和工作体系，整体设计高校共青团工作内容、项目供给、评价机制和运行模式，从而实现共青团工作的科学化。该制度为共青团工作提供了明确的目标导向。第二课堂成绩单制度明确了共青团工作的重点方向，即思想政治引领、素质拓展提升、社会实践锻炼、志愿服务公益和自我管理服务等第二课堂活动。这一明确的目标导向有助于共青团组织更加精准地把握工作重点，避免工作的盲目性和随意性。

第二课堂成绩单制度通过客观记录、科学评价学生参与第二课堂活动的经历和成果，为共青团工作提供了可量化的评价标准。这种科学的评价体系有助于共青团组织更加客观地了解工作成效，及时发现问题并进行调整优化。此外，该制度还促进了共青团工作的精准管理与有效引导。通过第二课堂成绩单制度，共青团组织可以更加精准地把握青年学生的需求和兴趣，有针对性地开展各类活动和服务。同时，该制度也有助于共青团组

织更好地引导学生参与第二课堂活动，培养他们的综合素质和能力。

2. 增强共青团工作的规范性，推动工作体系化、制度化建设

高校第二课堂成绩单制度的实施不仅增强了共青团工作的科学性，而且增强了其规范性，推动了工作体系化、制度化建设。该制度为共青团工作提供了规范的工作流程和操作指南。第二课堂成绩单制度通过明确工作内容、项目供给、评价机制和运行模式等方面的具体要求，为共青团工作提供了详细的工作流程和操作指南。这些规范的工作流程和操作指南有助于共青团组织更加有序、高效地开展工作，降低工作中的随意性和不确定性。

第二课堂成绩单制度将共青团工作划分为多个模块和领域，每个模块和领域都有明确的工作内容和要求，这种模块化的设计有助于共青团组织更加系统地开展工作，形成完整的工作体系。该制度也有助于共青团组织更好地整合各类资源，实现工作的协同推进。此外，该制度还推动了共青团工作的制度化建设。通过第二课堂成绩单制度，共青团组织可以更加规范地记录、评价学生参与第二课堂活动的经历和成果，为共青团工作的制度化建设提供了有力支撑。这种制度化的建设有助于共青团组织更加稳定、可持续地开展工作，形成长效机制。

二、高校第二课堂成绩单制度的功效

（一）客观记录并科学评价学生的综合素质

1. 客观记录：全面反映学生综合素质的多元化发展

高校第二课堂成绩单制度通过全面、客观的记录，有效地反映了学生在校期间参与各类课外活动和团学工作的实际情况及其取得的各类成绩。这种记录不仅涵盖了学生在第一课堂中的学业成绩，而且包括创新创业、社会实践、志愿服务、文化艺术、体育活动、工作履历、技能特长、思想成长等多个方面的经历和成果。第二课堂成绩单制度通过设置覆盖面广、内容模块全的课程体系，确保了记录的全面性。这种课程体系既包括传统的党团学工作履历、志愿公益经历等内容，也涵盖新兴的创新创业、社会实践等领域。这种全面性的记录有助于全面反映学生在校期间的综合表

现，避免了对学生评价的片面性。

第二课堂成绩单制度通过客观的记录方式，确保了记录的真实性。这种记录方式不依赖于主观评价或印象，而是基于学生参与活动的实际情况和取得的成果。这种真实性的记录有助于增强评价的客观性和公正性。第二课堂成绩单制度通过持续的记录过程，有助于跟踪学生的成长轨迹。通过对比学生在不同时间段的记录和成绩，可以清晰地看出学生在各个方面的进步和发展情况。这种跟踪记录的方式有助于教师、学校和社会更加全面地了解学生的综合素质与发展潜力。

2. 科学评价：促进学生综合素质的精准识别与个性化发展

高校第二课堂成绩单制度不仅在于客观记录学生的综合素质，而且在于通过科学的评价体系，精准识别学生的优势和不足，为个性化发展提供依据。第二课堂成绩单制度通过专业化的准确评价，帮助学生正确了解自身优势。这种评价不仅关注学生在某一方面的突出表现，而且注重对学生综合素质的全面考量。通过对比学生在不同领域的记录和成绩，可以清晰地看出学生在哪些方面具有优势，从而帮助学生更加准确地认识自己，明确个人发展的方向和目标。

第二课堂成绩单制度通过科学的评价体系，帮助学生弥补自身不足。在评价过程中，不仅关注学生的优势领域，而且注重对学生薄弱环节的识别和分析。通过这种评价方式，可以引导学生有针对性地加强学习和锻炼，弥补自身不足，实现全面发展。此外，第二课堂成绩单制度还有助于促进学生的个性化发展。在评价过程中，注重对学生个体差异的尊重和关注，鼓励学生在自己感兴趣的领域进行深入探索和实践。通过这种个性化的评价方式，可以激发学生的内在动力和潜能，促进学生的个性化成长和发展。

（二）激励学生广泛参与第二课堂活动

1. 通过制度设计激发学生的内在动力

高校第二课堂成绩单制度通过一系列精心设计的制度安排，有效激发学生的内在动力，促使他们更加积极、主动地参与第二课堂活动。第二课堂成绩单制度将学生在第二课堂中的表现与学业成绩、综合素质评价、就业推荐等紧密挂钩，从而形成了强有力的激励机制。例如，许多高校将第二课堂学分纳入学生毕业要求，要求学生必须修满一定数量的第二课堂学分才能顺利毕业。这种制度设计使学生意识到参与第二课堂活动不仅是对个人兴趣爱好的追求，而且是完成学业、提高综合素质的必要条件，从而激发了他们参与的积极性和主动性。

第二课堂成绩单制度通过多样化的活动项目和评价体系，满足了学生个性化发展的需求，进一步激发了学生的参与热情。第二课堂活动涵盖创新创业、社会实践、志愿服务、文化艺术、体育活动等多个领域，学生可以根据自己的兴趣和特长选择参与。第二课堂成绩单制度还通过科学、公正的评价体系，对学生的参与情况和成果进行客观记录与有效认证，使学生能够在参与过程中获得成就感和自我认同，进一步激发他们持续参与的动力。此外，第二课堂成绩单制度通过表彰和奖励机制，对学生的优秀表现进行公开认可和奖励，进一步增强了学生的荣誉感和归属感。例如，许多高校设立了"第二课堂之星""优秀志愿者"等荣誉称号，对在第二课堂活动中表现突出的学生进行表彰和奖励。这种表彰和奖励机制不仅激励了获奖学生本人，而且激发了其他同学参与第二课堂活动的热情和动力。

2. 通过科学评价促进学生的持续参与和全面发展

第二课堂成绩单制度通过客观记录学生参与第二课堂活动的经历和成果，为学生提供了清晰、可量化的反馈信息。这种反馈信息使学生能够直观地了解自己在第二课堂中的表现情况，从而有针对性地调整自己的参与策略和努力方向。同时，这种客观记录也有助于学校和社会更加全面地了解学生的综合素质与发展潜力，为学生未来的就业和升学提供有力的支持。

第二课堂成绩单制度通过科学、公正的评价体系，对学生的参与情况和成果进行客观认证与有效转化。例如，许多高校将学生在第二课堂中的优秀表现转化为学分、荣誉证书、就业推荐等实质性成果，使学生能够在参与过程中获得实际利益。这种评价体系的科学性和公正性不仅增强了学生的参与信心与动力，而且促进了第二课堂活动的规范化和制度化发展。第二课堂成绩单制度还通过持续的评价和反馈过程，促进了学生的持续参与和全面发展。通过定期对学生在第二课堂中的表现进行评价和反馈，学校可以及时了解学生的参与情况和需求变化，从而调整与优化第二课堂活动的内容和形式。同时，学生也可以通过持续的评价和反馈过程，不断反思与总结自己的参与经验和成果，从而不断提高自己的综合素质和发展潜力。

（三）为社会用人单位提供科学的选人用人参考

1. 综合素质的全面反映

（1）多元化的评价内容

高校第二课堂成绩单制度通过记录学生在校期间参与的各种课外活动、社会实践、志愿服务、创新创业、文体活动、工作履历、技能特长等方面的经历和成果，全面反映了学生的综合素质。这种多元化的评价内容不仅涵盖了学生在学术成绩以外的多方面能力，如团队合作、领导力、创新思维、社会责任感等，而且体现了学生的兴趣爱好、特长、个性特点。这些综合素质对于用人单位评估应聘者的岗位适应能力和发展潜力至关重要。

（2）系统化的记录与评价机制

第二课堂成绩单制度通过系统化的记录与评价机制，确保了学生综合素质的全面、客观反映。该制度通常包含课程体系、评价体系、数据管理体系等多个组成部分，通过科学、规范的评价标准和方法，对学生的第二课堂活动经历进行量化评分和综合评价。这种系统化的记录与评价机制不仅增强了评价的准确性和可靠性，而且使得用人单位能够更直观地了解学生在校期间的综合表现和发展轨迹。

2. 评价体系的科学性与公正性

（1）科学的评价标准与方法

高校第二课堂成绩单制度在评价标准与方法上注重科学性与公正性。一方面，该制度借鉴了第一课堂的评价机制，结合第二课堂的特点，制定了符合实际情况的评价标准和方法。这些标准和方法通常包括级别评价、奖项评价、角色评价、荣誉评价、考核评价等多个层面，能够全面、准确地评估学生在第二课堂活动中的表现。另一方面，该制度还采用了客观记录的方式，对不易直接评价的第二课堂活动或项目进行了客观、全面、真实的记录，确保了评价的公正性和透明度。

（2）公正的记录与评价过程

第二课堂成绩单制度在记录与评价过程中注重公正性。一方面，该制度通过明确各层级的职责分工和工作流程，确保了记录与评价工作的有序开展。例如，通过设立专门负责人、明确记录审核流程等方式，避免了记录与评价过程中的主观性和随意性。另一方面，该制度还采用了网络数据管理系统等现代技术手段，实现了记录与评价工作的信息化、智能化，提高了工作效率，增强了评价的准确性。同时，这些技术手段还便于用人单位随时查阅学生的第二课堂成绩单，为选人用人决策提供了便捷、高效的参考依据。

第二章 高校第二课堂成绩单建设的理念与逻辑

第一节 高校第二课堂成绩单建设的理念

一、融入人才培养大局的理念

（一）与第一课堂深度融合

在高等教育体系中，第一课堂与第二课堂共同构成了完整的人才培养体系。近年来，随着教育改革的不断深化，高校第二课堂成绩单制度逐渐成为促进学生全面发展、提升人才培养质量的重要途径。

1. 第二课堂成绩单成为第一课堂的补充与延伸

第二课堂成绩单制度是社会发展逻辑与教育活动规律相互作用的必然结果，它作为第一课堂的补充与延伸，旨在通过多样化的实践活动提高学生的综合素质与实践动手能力。

第二课堂成绩单制度体现了"因材施教"的原则。与第一课堂的标准化教学不同，第二课堂成绩单制度鼓励学生根据自己的兴趣爱好及特长选择发展方向，通过社会实践、校园文化活动、创新创业竞赛等多种形式，实现个性化发展。这种制度设计有助于满足学生多样化的成长需求，促进人才的全面发展。第二课堂成绩单制度强化了第一课堂与第二课堂之间的内在联系。通过将第二课堂的经历与成果进行客观记录、有效认证和科学评价，第二课堂成绩单制度使得第一课堂与第二课堂之间的界限变得更加模糊，两者在人才培养过程中实现了深度融合。这种深度融合不仅有助于增强学生的学习积极性，提高实践能力，而且有助于优化教育教学资源配置，提升整体人才培养质量。

2. 推动第二课堂成绩单建设与第一课堂的深度融合

在实践层面，推动第二课堂成绩单建设与第一课堂的深度融合需要从多个方面入手，包括制度设计、课程项目体系、评价体系、工作运行体系等。

第一，高校应重视制度设计，将第二课堂成绩单制度纳入人才培养方案。通过明确第二课堂成绩单在人才培养体系中的地位和作用，将其与第一课堂的学分制度相结合，形成完整的人才培养体系。例如，某大学将团学活动课程化，把涵盖第二课堂的实践活动整合为课程并写入本科生培养方案，从而保障了第二课堂与第一课堂的深度融合。

第二，高校应构建科学的课程项目体系，丰富第二课堂的内容与形式。通过梳理校内各团学组织开展的第二课堂活动情况，将拓展作用显著、项目特色鲜明、组织实施规范、学生认可度高的活动纳入第二课堂成绩单体系。同时，明确每个项目的性质类型、目标任务、内容环节和考核评价办法，形成第二课堂项目活动的操作流程和质量标准。

第三，高校应建立完善的评价体系，确保第二课堂成绩单的科学性和权威性。通过建立科学、客观的评价体系，对学生的第二课堂表现进行权威认证和全面记录。这种评价体系应涵盖学生的思想政治素质、社会实践能力、创新创业能力、文艺体育素养等多个方面，以全面反映学生的综合素质和能力水平。

第四，高校应加强工作运行体系的建设，确保第二课堂成绩单制度的顺利实施。通过成立专门的工作领导小组和教学工作指导委员会，统筹协调政策支持和工作保障；通过加强师资队伍建设、完善实训基地建设等措施，提升第二课堂的教学质量和效果。同时，利用现代信息技术手段，建立第二课堂成绩单管理系统，实现对学生参与活动的实时记录、跟踪和评价。

（二）服务于高校人才培养目标

1. 第二课堂成绩单建设对人才培养目标的影响

高校第二课堂成绩单建设作为对传统教育评价体系的补充与延伸，

对人才培养目标产生了深远的影响。第二课堂成绩单制度强调学生综合素质的培养，与当前高等教育强调的"立德树人"根本任务相契合。通过记录学生在社会实践、志愿服务、文艺体育、创新创业等多个领域的经历和成果，第二课堂成绩单制度全面展示了学生的综合素质和能力水平，有助于引导学生全面发展，提升人才培养质量。通过对学生参与第二课堂活动的记录和认证，高校能够更加准确地了解学生的综合素质和能力水平，为教育教学改革提供有力的支持。这种制度也有助于提升社会对高等教育的认可度，提升学生的就业竞争力，实现人才培养目标与社会需求的有机对接。

2. 第二课堂成绩单建设服务于高校人才培养目标的实现路径

高校应将第二课堂成绩单制度纳入人才培养体系，明确其在人才培养目标中的地位和作用。通过制定科学的制度规范，明确第二课堂成绩单的内容、形式、评价标准等，确保其在人才培养过程中发挥实效。根据人才培养目标，构建多样化的第二课堂课程与项目体系。这些课程与项目应涵盖社会实践、志愿服务、文艺体育、创新创业等多个领域，旨在培养学生的综合素质和实践能力，加强对第二课堂课程与项目的管理和指导，确保其质量和效果。高校应建立科学、客观的第二课堂成绩单评价体系。这一体系应涵盖学生的综合素质和能力水平，通过量化评价和定性评价相结合的方式，全面反映学生的第二课堂表现，加强对第二课堂成绩单评价体系的监管和公示，确保其公正性和透明度。

高校应重视第二课堂师资队伍的建设。通过引进与培养具备丰富实践经验和高水平教学能力的教师，为第二课堂的开展提供有力的支持，加强对第二课堂教师的培训和指导，提高其教育教学能力，提升教育教学水平。高校还应充分利用现代信息技术手段，推动第二课堂成绩单建设的信息化和智能化。通过建立第二课堂成绩单管理系统，实现对学生参与活动的实时记录、跟踪和评价，提高管理效率和精准度，加强对第二课堂成绩单数据的分析和利用，为教育教学改革和人才培养目标调整提供有力的支持。

二、服务学生发展需求的理念

（一）面向学生成长成才的实际需求

1. 第二课堂成绩单建设对学生个性化发展的促进

在高等教育的背景下，学生的个性化发展日益受到重视。第二课堂成绩单建设通过提供多元化的实践活动与评价体系，为学生个性化发展提供了广阔的空间。第二课堂成绩单制度鼓励学生根据自身兴趣和特长选择参与的活动，有助于激发学生的内在学习动力。与第一课堂的标准化教学相比，第二课堂活动更加注重学生的主体性和实践性，学生可以在自己感兴趣的领域深入探索，从而培养独特的个人能力和兴趣爱好。这种个性化的教育模式不仅有助于满足学生多样化的成长需求，而且能有效增强学生的自我认同感和成就感。

第二课堂成绩单制度通过多样化的评价体系，全面反映学生的个性化发展成果。第二课堂成绩单通过记录学生在社会实践、志愿服务、创新创业、文化艺术等多个领域的经历和成果，全面展示了学生的个性化发展成果，有助于引导学生关注自身全面发展，同时也为高校提供了更加全面、客观的学生评价信息。此外，第二课堂成绩单建设还通过提供个性化的成长指导，支持学生的个性化发展。高校可以通过分析学生在第二课堂成绩单中的表现，发现学生的潜力和优势，从而为学生提供更加个性化的成长指导，有助于帮助学生明确自己的发展方向和目标，制订个性化的成长计划，实现更加精准的自我提升。

2. 第二课堂成绩单建设对学生综合素质提高的支持

在当今社会，综合素质已成为衡量人才的重要标准。第二课堂成绩单建设通过提供多样化的实践活动和评价体系，有效支持了学生综合素质的提高。第二课堂成绩单制度通过提供多样化的实践活动，丰富了学生的课余生活，拓宽了学生的视野。这些实践活动包括社会实践、志愿服务、创新创业、文化艺术等多个领域，学生可以在其中选择自己感兴趣的活动参与，从而丰富自己的课余生活，拓宽自己的视野。这些经历不仅有助于提高学生的实践能力，而且能增强学生的社会责任感和创新精神。

第二课堂成绩单制度通过全面的评价体系，促进了学生综合素质的提高。该制度不仅关注学生的学术成绩，而且重视学生在社会实践、志愿服务、创新创业、文化艺术等多个领域的表现。这种全面的评价体系有助于引导学生关注自身全面发展，努力提高自己的综合素质。第二课堂成绩单还可以作为学生综合素质评价的重要依据，为高校和社会提供更加全面、客观的学生评价信息。第二课堂成绩单建设还通过提供持续的学习机会和成长平台，支持学生的长期发展。高校可以通过定期更新和丰富第二课堂成绩单中的活动项目，为学生提供持续的学习机会和成长平台。学生可以在这些平台中不断探索与尝试新的领域和机会，从而不断提高自己的综合素质，提升能力水平，有助于学生在未来的职业生涯中具备更强的竞争力和适应能力。

（二）构建科学有效的育人体系

1. 第二课堂成绩单制度的实施对育人体系的完善作用

（1）深化教育评价改革，促进"三全育人"

第二课堂成绩单制度的实施是深化新时代教育评价改革的重要举措，有助于推动"三全育人"体系的构建。第二课堂成绩单通过全面记录和评价学生在课外活动、社会实践等方面的表现，实现了对学生综合素质的全面评价。这种评价方式不仅丰富了素质教育的内涵，而且扩展了素质教育的范围，延伸了素质教育的时空，符合新时代教育评价改革和发展素质教育的内在要求。

（2）促进第一课堂与第二课堂融合，形成协同育人机制

第二课堂成绩单制度的实施解决了第一课堂和第二课堂独立运行的问题，推动了第一课堂和第二课堂的深度融合。通过将第二课堂成绩单纳入学校人才培养体系的顶层设计，高校能够构建"两个课堂"深度融合、"两张成绩单"相得益彰的育人新体系。这种协同育人机制有助于实现"立德"与"树人"两大教育任务的紧密结合，夯实实践育人工作的基石，凝聚学校各部门的互动合力，共同培养全面发展的高素质人才。

2. 第二课堂成绩单制度在促进学生全面发展方面的具体实践

（1）丰富第二课堂活动内容，提高学生综合素质

第二课堂成绩单制度通过构建涵盖思想成长、创新创业、志愿公益、

社会实践、文艺体育、技能培训、工作履历等多个模块的第二课堂课程体系，为学生提供了丰富多样的课外活动选择。例如，通过组织"挑战杯""互联网+""东方财富杯"等创新创业竞赛，激发学生的科技创新和科学研究的兴趣与潜能；通过申报"西部计划""三下乡""返家乡""文明城市创建"等志愿服务活动，培养学生的社会责任担当和实践能力。这些活动不仅丰富了学生的课余生活，而且提高了学生的综合素质和实践能力。

（2）实施学分制管理，强化制度保障

为了保障第二课堂成绩单制度的有效实施，高校通常将其纳入学校的人才培养方案，并实施学分制管理。例如，某师范学院等高校将第二课堂成绩纳入学校本科生德育、体育、美育、劳动教育评价体系，以项目课程的形式面向全校学生发布第二课堂活动。同时，学校还制定了详细的学分标准体系，针对不同类型课程项目设置不同学分标准，并综合运用过程评价、结果评价、综合评价等方式构建开放性、多元化、发展性的评价体系。这种学分制管理和评价体系不仅确保了第二课堂成绩单制度的严肃性与权威性，而且为学生参与第二课堂活动提供了强有力的制度保障。

三、发挥第二课堂优势的理念

（一）依托校内外资源拓展育人空间

1. 整合校内资源，构建全方位育人平台

在第二课堂成绩单建设的过程中，高校应当充分认识到校内资源的宝贵价值，并致力于构建一个全方位、多层次的育人平台。为了实现这一目标，高校需要采取一系列具体措施，充分整合并利用校内各部门的资源和优势。一方面，高校应打破部门壁垒，促进各部门、各学院、各学生组织之间的紧密合作，通过共同开发和设计第二课堂课程与活动项目，可以形成合力育人的良好氛围。这种跨部门的合作不仅有助于资源的共享和优化配置，而且能促进不同学科之间的交叉融合，为学生提供更加丰富多元的学习体验。另一方面，高校应依托校内的专业实验室、实训基地和创新创业中心等平台，为学生提供更多实践锻炼的机会。这些平台不仅可以帮助学生将理论知识转化为实践能力，而且可以激发他们的创新思维和创业精神。通过参与这些平台的实践活动，学生可以更好地了解行业前沿动态，提高自己的专业素养。此外，高校还应充分利用校内的图书馆、体育馆和艺术中心等资源，进一步丰富第二课堂的活动形式和内容。这些资源不仅可以为学生提供多样化的学习选择，而且可以满足他们不同的兴趣爱好和个性化需求。通过参与这些活动，学生可以在轻松愉快的氛围中拓宽自己的视野，提高自己的综合素养。

2. 拓展校外资源，提升社会实践效果

除了深入挖掘和整合校内资源外，高校在第二课堂成绩单建设过程中，还应积极拓展校外资源，以提升社会实践的效果，为学生提供更为广阔的学习和发展空间。高校应主动与地方政府、企事业单位、社会组织等建立紧密的合作关系，通过共同开发社会实践项目，为学生提供更多元化的实践机会和平台。这种合作模式不仅有助于将理论与实践相结合，而且能让学生在真实的社会环境中锻炼和成长。例如，高校可以组织学生参与社区服务、公益环保、支教助残等志愿服务活动。这些活动不仅能够培养学生的社会责任感和公民意识，而且能够让他们在实践中学会关爱他人、服务社会；高校还可以与企业合作开展实习实训、创新创业等活动。通过参与这些活动，学生可以深入了解企业运营和市场需求，提高自己的实践能力和创新能力，为未来的职业发展打下坚实的基础。此外，高校还可以充分利用校外的爱国主义教育基地、创新创业基地、社会实践基地等资源，进一步丰富第二课堂的教育内容和形式。这些基地不仅可以为学生提供更多的实践机会和学习资源，而且可以帮助他们拓宽视野、增长见识，从而更好地适应社会发展的需求。通过校内外资源的有机结合，高校可以构建一个全方位、多层次的育人体系，为学生的全面发展提供有力的支持。

（二）打造鼓励学生全面发展的载体平台

1. 融合线上线下资源，创新第二课堂的活动形式

随着信息技术的飞速发展，线上线下融合已成为教育发展的新趋势。高校第二课堂建设应紧跟时代步伐，充分利用现代信息技术手段，融合线

上线下资源，创新活动形式，为学生提供更加丰富、便捷的学习体验。高校可以依托网络平台，开展在线学习、远程实践、虚拟仿真等活动。这些活动不受时间、地点限制，能够让学生随时随地参与学习，增强学习的灵活性和便捷性。通过在线平台，学生还可以与来自不同地域、不同背景的同学进行互动交流，拓宽视野，增进友谊。

高校应注重线下活动的质量与深度，可以组织专家讲座、学术论坛、文艺演出、体育比赛等丰富多彩的校园文化活动，为学生提供展示自我、锻炼能力的舞台；还可以结合地方特色和文化资源，开展社会实践、志愿服务等活动，让学生在服务社会中增长才干、锤炼品格。通过线上线下资源的有机融合，高校可以打造出一个全方位、多层次的第二课堂活动体系，满足学生多样化的学习需求和发展需求。

2. 建立反馈与评估机制，持续优化第二课堂建设

为了确保第二课堂建设的有效性和持续性，高校需要建立一套完善的反馈与评估机制。这一机制应包括学生反馈、教师评价、专家评审等多个方面，以全面、客观地了解第二课堂活动的实施效果和问题。

高校应鼓励学生积极参与反馈活动，及时收集他们的意见和建议，可以通过问卷调查、座谈会、在线论坛等方式，了解学生对第二课堂活动的满意度、参与度和改进建议，这些反馈信息可以为高校提供宝贵的参考依据，帮助它们不断优化活动内容和形式。高校还应加强对第二课堂活动的教师评价和专家评审，邀请相关领域的专家学者对活动进行评审和指导，提出改进意见和建议，将教师评价纳入绩效考核体系，激励教师积极参与第二课堂建设，提升活动的质量和水平。高校根据反馈与评估结果，应及时调整第二课堂建设的方向和重点，对活动内容进行更新和拓展，增加新的元素和亮点；还可以对活动形式进行创新和改进，增强活动的吸引力和参与度。

第二节　高校第二课堂成绩单建设的逻辑

一、高校第二课堂成绩单建设的逻辑起点

（一）明确建设目标与定位

1. 明确建设目标

（1）促进学生的全面发展

第二课堂成绩单的建设，首要目标是促进学生的全面发展。第二课堂成绩单作为第一课堂的有效补充，其目标在于通过记录学生在课外活动、社会实践、志愿服务、创新创业等方面的表现与成就，全面反映学生的综合素质与能力，不仅有助于学生自我认知与自我提升，而且能为用人单位提供更加全面、客观的人才评价依据。

（2）提升教育质量

第二课堂成绩单的建设也是提升教育质量的重要手段。通过构建科学、合理的评价体系，第二课堂成绩单能够激励教师积极参与第二课堂活动的设计与实施，推动教学内容与方法的创新。同时，第二课堂成绩单还能够引导学生更加主动地参与课外学习与实践，培养他们的学习兴趣与自主学习能力。这些都有助于提升整体教育质量，为高校培养更多具有创新精神和实践能力的高素质人才。

2. 明确建设定位

（1）作为第一课堂的补充与延伸

第二课堂成绩单的建设应明确其作为第一课堂补充与延伸的定位。第一课堂主要承担知识的传授与考核任务，第二课堂则侧重学生综合素质的培养与实践能力的提高。因此，第二课堂成绩单应紧密围绕第一课堂的教学内容与要求，设计与之相配套的课外活动与实践项目，形成互补效应。这样不仅能够巩固和深化第一课堂的教学效果，而且能够拓宽学生的学习视野，提升实践经验，实现知识的内化与外化相统一。

（2）强化素质教育理念

第二课堂成绩单的建设还应强化素质教育理念。素质教育强调学生的全面发展与个性发展相结合，注重培养学生的创新精神与实践能力。第二课堂成绩单作为素质教育评价的重要工具，其建设应充分体现素质教育的理念与要求。通过构建多元化、开放性的评价体系，第二课堂成绩单能够激励学生在课外活动中积极探索、勇于创新、敢于实践，培养他们的综合素质与核心竞争力。同时，第二课堂成绩单还能引导学生树立正确的世界观、人生观、价值观，培养他们的社会责任感与公民意识，为他们的终身发展奠定坚实的基础。

（二）确立评价原则与标准

1. 确立评价原则

（1）全面性原则

全面性原则要求第二课堂成绩单的评价内容应涵盖学生发展的多个方面，包括但不限于思想品德、学术能力、实践能力、创新能力、团队协作能力、身心健康等。这一原则旨在通过多元化的评价维度，全面反映学生的综合素质，避免单一评价标准的片面性。在实施过程中，高校应根据自身特点和人才培养目标，合理设置评价项目，确保评价内容的全面性和均衡性。

（2）发展性原则

发展性原则在第二课堂成绩单的建设中占据核心地位，着重强调评价应更加关注学生的成长轨迹和未来发展潜力。为了实现这一原则，第二课堂成绩单应全面体现对学生动态发展的重视，通过设计多样化的活动和实践机会，激励学生积极参与其中，不断锻炼并提高自身能力。在评价过程中，应特别关注学生的进步幅度和所付出的努力，及时给予积极的反馈和有针对性的指导，从而帮助学生认识到自己的成长和进步，进一步激发他们的学习动力，为学生的持续发展奠定坚实的基础。

（3）客观性原则

客观性原则是第二课堂成绩单建设中不可或缺的一环，严格要求评价过程必须保持公正、公平、公开，避免主观臆断和偏见对评价结果的干扰。为了确保评价结果的客观性和准确性，需要建立一套明确且科学的评价标准和程序，使评价工作有章可循，还应增强评价过程的透明度和可追溯性，主动接受学生、教师、社会各界的监督，以此来提升评价的公信力，增强评价的权威性。只有这样，才能确保第二课堂成绩单的真实性和有效性，为学生提供一个公正、公平的评价环境。

2. 确立评价标准

（1）明确性标准

明确性标准是确保第二课堂成绩单评价公正、准确的基础。这一标准要求评价标准必须具体、清晰，避免任何模糊和歧义，使得评价者和被评价者都能准确理解评价要求。在第二课堂成绩单的建设过程中，需要制定详尽的评价细则和指标体系，明确各项评价内容的评分标准及权重分配，不仅有助于评价者准确把握评价尺度，而且能增强评价的准确性和有效性，确保评价结果的公正性和权威性。

（2）可操作性标准

可操作性标准是确保第二课堂成绩单评价能够顺利实施的关键。这一标准要求评价标准必须具备可操作性和可实施性，以便评价者在实践中能够轻松操作。在确立评价标准时，需要充分考虑评价资源的可获得性、评价方法的可行性、评价过程的可控性等因素，提供必要的评价工具和方法指导，确保评价者能够顺利开展评价工作，提高评价的效率，增强评价的准确性。

（3）可比较性标准

可比较性标准是确保第二课堂成绩单评价具有统一性和规范性的重要保障。这一标准要求评价标准必须具备统一性和规范性，以便对不同学生的评价结果进行比较和分析。在第二课堂成绩单的建设中，需要建立统一的评价框架和指标体系，确保评价标准的可比性和一致性，有助于高校对学生的综合素质进行客观的评价，为人才培养和选拔提供有力的支持，同时也能提升学生的竞争力，提高社会适应能力。

（三）界定建设内容与范围

1. 界定建设内容

（1）多元化

第二课堂成绩单的建设内容应体现多元化特点，涵盖学生全面发展的多个方面，包括但不限于思想品德、学术能力、实践技能、创新能力、团队协作能力、身心健康、社会服务等。通过多元化的评价内容，可以更全面、更准确地反映学生的综合素质和能力水平。例如，在思想品德方面，可以评价学生的社会责任感、道德品质、公民意识等；在学术能力方面，可以评价学生的专业知识掌握程度、研究能力等；在实践技能方面，可以评价学生的实验操作能力、技术应用能力、解决实际问题的能力等。

（2）层次化

第二课堂成绩单的建设内容还应体现层次化特点，即根据不同年级、不同专业、不同兴趣特长的学生，设计不同层次的评价内容，有助于满足不同学生的发展需求，促进他们的个性化成长。例如，对于低年级学生，可以侧重评价他们的基础知识和基本技能；对于高年级学生，可以侧重评价他们的专业能力和创新能力；对于具有特定兴趣特长的学生，可以设计专门的评价内容，以激发他们的潜能和兴趣。

（3）系统化

第二课堂成绩单的建设内容还需体现系统化特点，即形成一个完整、有序、相互关联的评价体系，有助于确保评价内容的全面性和一致性，增强评价体系的科学性和有效性。在构建系统化的评价内容时，应充分考虑不同评价内容之间的内在联系和相互作用，确保它们能够相互补充、相互促进。同时，还应注重评价内容的连续性和稳定性，避免频繁更改导致评价体系的混乱和不稳定。

2. 界定建设范围

（1）课内与课外相结合

第二课堂成绩单的建设范围应涵盖课内与课外两个方面。课内评价主要关注学生在第一课堂（正式课堂教学）中的表现，如学习成绩、课堂参与度等；课外评价主要关注学生在第二课堂（非正式课堂教学）中的表现，如社团活动、志愿服务、创新创业等。通过课内与课外的结合评价，可以更全面地反映学生的综合素质和能力水平。例如，在评价学生的创新能力时，可以结合学生在课堂上的创新表现和在课外创新创业活动中的实际成果进行综合评判。

（2）理论与实践相结合

第二课堂成绩单的建设范围还应体现理论与实践相结合的特点。理论知识是学生综合素质的重要组成部分，但理论知识的学习最终目的是指导实践。因此，在评价学生的综合素质时，应充分考虑学生将理论知识应用于实践的能力。例如，在评价学生的专业能力时，可以结合学生的专业理论知识掌握程度和在实习实训中的实际操作表现进行综合评判。

（3）校内与校外相结合

第二课堂成绩单的建设范围还应包括校内与校外两个方面。校内评价主要关注学生在校园内的表现，如学习成绩、社团活动、志愿服务等；校外评价主要关注学生在社会中的表现，如社会实践、志愿服务、创新创业等。通过校内与校外的结合评价，可以更全面地反映学生的社会适应能力和社会责任感。例如，在评价学生的社会责任感时，可以结合学生在校园内的志愿服务表现和在社会中的公益活动参与情况进行综合评判。

二、高校第二课堂成绩单建设的核心要素

（一）课程体系构建

1. 多样化：拓宽评价维度，促进全面发展

多样化是指第二课堂成绩单课程体系应涵盖广泛的领域和多样的活动形式，以满足学生多元化的兴趣与发展需求。这种多样化的构建不仅有助于拓宽评价维度，而且能够促进学生全面发展。

（1）领域覆盖的广泛性

一个完善的第二课堂成绩单课程体系应涵盖思想成长、社会实践、志愿公益、创新创业、文体活动、工作履历、技能特长等多个领域。这些领域不仅与第一课堂的教学内容相辅相成，而且能够为学生提供丰富的课外学习与实践机会。例如，思想成长领域可以通过主题团日、党课学习等活动提高学生的政治素养，提升思想境界；社会实践领域可以通过暑期社会实践、社区服务等活动增强学生的社会责任感，提高实际操作能力。

（2）活动形式的多样性

除了领域覆盖的广泛性外，第二课堂成绩单课程体系的活动形式也应具有多样性，包括但不限于讲座、研讨会、工作坊、竞赛、志愿服务、社会实践、创新创业项目等。多样化的活动形式不仅能够激发学生的学习兴趣和积极性，而且能够为学生提供多样化的学习与实践体验，从而培养他们的综合素质和能力。

2. 层次性：满足不同需求，促进个性化发展

层次性是指第二课堂成绩单课程体系应根据学生的年级、专业、兴趣特长等因素进行分层设计，以满足不同学生的个性化发展需求，这种层次性的构建有助于增强评价的科学性和有效性。

（1）年级分层设计

对于不同年级的学生，第二课堂成绩单课程体系应有所区别。低年级学生可能更侧重基础知识和基本技能的培养，因此可以设计一些基础性的课外学习与实践活动；高年级学生可能更侧重专业能力和创新能力的提高，因此可以设计一些专业性强、创新性高的课外学习与实践项目。这种年级分层设计能够确保第二课堂成绩单评价体系与学生的实际发展需求相匹配。

（2）专业分层设计

不同专业的学生在第二课堂成绩单课程体系中也应有所区别。例如，文科专业学生可能更侧重人文素养和社会实践能力的培养，因此可以设计一些与文学、历史、社会等相关的课外学习与实践活动；理工科专业学生可能更侧重科技创新和实践操作能力的培养，因此可以设计一些与科研、实验、技术创新等相关的课外学习与实践项目。这种专业分层设计能够确保第二课堂成绩单评价体系与学生的专业特点相匹配。

（3）兴趣特长分层设计

除了年级和专业分层设计外，第二课堂成绩单课程体系还应关注学生的兴趣特长。对于有特定兴趣或特长的学生，可以设计一些专门的课外学习与实践项目，以满足他们的个性化发展需求。例如，对于热爱音乐的学生，可以设计一些音乐创作、演奏、比赛等活动；对于热爱体育的学生，

可以设计一些体育赛事、训练、裁判等活动。这种兴趣特长分层设计能够激发学生的学习兴趣和积极性，促进他们的个性化发展。

（二）评价体系设计

1. 全面性：确保评价的多维度与广覆盖

全面性是指第二课堂成绩单评价体系应涵盖学生课外学习与实践的各个方面，确保评价的多维度与广覆盖。这一要素对于准确、全面地反映学生的综合素质和能力具有至关重要的作用。

（1）评价内容的全面性

第二课堂成绩单的评价内容应涵盖学生的思想道德、专业知识、实践能力、创新创业、文体活动、社会责任等多个方面。这些方面不仅体现了学生的综合素质，而且反映了他们在课外学习与实践中的全面发展。例如，思想道德评价可以考查学生的政治觉悟、道德品质和社会责任感；专业知识评价可以考查学生在专业领域内的学习深度和广度；实践能力评价可以考查学生的实际操作能力和问题解决能力；创新创业评价可以考查学生的创新意识和创业精神；文体活动评价可以考查学生的身体素质和艺术修养；社会责任评价可以考查学生的志愿服务和社会公益活动参与情况。

（2）评价方法的全面性

为了全面、准确地评价学生的课外学习与实践成果，第二课堂成绩单评价体系应采用多种评价方法相结合的方式。这些方法包括但不限于定量评价、定性评价、自我评价、同伴评价、教师评价等。定量评价可以通过具体的分数或等级来量化学生的表现；定性评价可以通过文字描述来评价学生的特点和优势；自我评价可以让学生对自己的表现进行反思和总结；同伴评价可以让学生相互学习和借鉴；教师评价可以从专业角度对学生的表现进行指导和建议。多种评价方法的结合使用，可以更加全面、客观地反映学生的综合素质和能力。

2. 科学性：确保评价的客观性与准确性

科学性是指第二课堂成绩单评价体系应遵循科学的原则和方法，确保评价的客观性与准确性，这一要素对于增强评价的可信度和有效性具有至关重要的作用。

（1）评价过程的科学性

第二课堂成绩单的评价过程应遵循公正、公平、公开的原则，避免主观臆断和偏见的影响。评价过程应建立明确的评价程序和流程，确保评价工作的规范化和制度化。同时，评价过程应加强监督和管理，确保评价结果的公正性和权威性。科学的评价过程能够确保评价的客观性和准确性，增强评价的可信度和有效性。

（2）评价结果的科学性

第二课堂成绩单的评价结果应具有客观性和准确性，能够真实反映学生的课外学习与实践成果。评价结果应以事实为依据，避免主观臆断和偏见的影响。同时，评价结果应及时反馈给学生和相关部门，以便他们及时了解学生的表现和需求，为学生的学习和发展提供有针对性的指导与支持。科学的评价结果能够为学生提供客观、准确的反馈，帮助他们认识自己的优势和不足，为他们的学习和发展提供有力的支持。

（三）数据管理平台建设

1. 信息化：实现数据的高效整合与流通

信息化是指利用信息技术手段，对高校第二课堂成绩单的数据进行高效整合与流通，实现数据的电子化、网络化和标准化管理。这一要素在数据管理平台建设中具有基础性地位，对于提高管理效率、增强数据的准确性具有重要意义。

（1）数据的高效整合

信息化平台能够将第二课堂成绩单涉及的所有数据，如学生基本信息、活动参与记录、成果展示、评价反馈等，进行高效整合。通过统一的数据库和标准化的数据格式，实现数据的集中存储和统一管理，不仅可以避免数据分散、重复录入的问题，而且可以增强数据的准确性和一致性，为后续的数据分析和决策提供有力的支持。

（2）数据的便捷流通

信息化平台能够实现数据的便捷流通，使得学生、教师和管理人员能够随时随地访问与更新数据。通过网络化的数据访问方式，学生可以方便地查看自己的活动参与记录、成果展示和评价反馈，了解自己的学习情况和发展趋势；教师可以方便地获取学生的参与情况和成果展示，进行针对性的指导和评价；管理人员可以方便地监控第二课堂成绩单的运行情况，进行及时的管理和决策。

2. 智能化：提高数据的处理与分析能力

智能化是指在信息化基础上，利用人工智能技术对数据管理平台进行升级，提高数据的处理与分析能力，实现数据的智能化管理和应用。这一要素在数据管理平台建设中具有前瞻性地位，对于提升管理水平和促进学生个性化发展具有重要意义。

（1）智能化的数据处理

智能化平台能够利用大数据技术和机器学习算法，对第二课堂成绩单的数据进行高效处理和分析。通过对海量数据的挖掘和分析，可以发现数据中的隐藏规律和趋势，为管理决策提供科学依据。例如，可以通过分析学生的参与记录和成果展示，发现学生在某些方面的优势和不足，为他们提供个性化的学习建议和发展规划。

（2）智能化的应用服务

智能化平台能够为学生提供更加便捷、个性化的应用服务。例如，可以通过智能推荐算法，根据学生的兴趣、特长和学习情况，为他们推荐合适的第二课堂活动；可以通过智能评价系统，对学生的活动参与、成果展示进行自动评价和反馈，减轻教师的工作负担；可以通过智能分析系统，对学生的综合素质和能力进行评估与分析，为他们提供有针对性的发展建议。

第三章　第二课堂成绩单项目供给体系

第一节　第二课堂成绩单项目供给体系的构建原则

一、系统性原则与科学性原则

（一）系统性原则

1. 整体规划与设计

在第二课堂成绩单项目供给体系的构建初期，整体规划与设计是确保体系完整性和前瞻性的关键环节。这一环节需要综合考虑教育目标、学生需求、资源条件等多方面因素，制定出科学合理、切实可行的供给体系框架。整体规划与设计应明确教育目标，第二课堂成绩单项目供给体系的构建旨在促进学生的全面发展，提高学生的综合素质。因此，在规划与设计过程中，应紧密围绕"立德树人"这一根本任务，结合高校人才培养目标和学生成长需求，明确供给体系应涵盖的思想政治、科技创新、社会实践、文化艺术等多个方面，确保供给体系的全面性和针对性。

整体规划与设计应注重资源整合与优化配置。第二课堂成绩单项目供给体系的构建离不开各类资源的支持，包括师资力量、教学设施、教材资料等。在规划与设计过程中，应充分考虑学校现有资源的实际情况，通过整合校内外资源、优化资源配置等方式，提高资源利用效率，为供给体系的顺利实施提供有力的保障。随着教育改革的不断深入和社会发展的不断变化，第二课堂成绩单项目供给体系也需要不断适应新形势、新要求。因此，在规划与设计过程中，应充分考虑未来发展趋势和可能面临的挑战，制定出具有前瞻性的供给体系框架，为体系的可持续发展奠定坚实的基础。

2. 各环节协调与配合

在第二课堂成绩单项目供给体系的构建过程中，各环节之间的协调与配合是确保体系协调性和高效性的关键因素。这一环节需要关注供给体系内部各个组成部分之间的相互作用和影响，通过建立健全的协调机制和信息共享平台，促进各环节之间的有效沟通和合作。

第一，各环节之间的协调与配合需要建立健全的协调机制。供给体系内部包括课程设计、师资配备、教学管理、考核评价等多个环节，每个环节都承载着不同的任务和职责。为了确保各环节之间的协调一致和高效运行，需要建立健全的协调机制，明确各环节之间的责任分工和协作方式，加强信息沟通和资源共享，避免出现信息孤岛和资源浪费的现象。

第二，各环节之间的协调与配合需要注重信息共享平台的建设。信息共享平台是实现各环节之间有效沟通和合作的重要工具。通过建设信息共享平台，可以实时掌握供给体系的运行情况、学生参与情况、资源利用情况等信息，为决策提供科学依据。同时，信息共享平台还可以促进各环节之间的经验交流和知识共享，推动供给体系的不断优化和创新。

第三，各环节之间的协调与配合需要加强监督与评估工作。监督与评估是确保供给体系高效运行的重要手段。通过建立健全的监督与评估机制，可以及时发现与纠正供给体系运行中的问题和不足，推动供给体系的持续改进和优化。同时，监督与评估工作还可以促进各环节之间的良性竞争和合作，激发供给体系的活力和创造力。

（二）科学性原则

1. 基于教育规律的设计

科学性原则在第二课堂成绩单项目供给体系的构建中，体现在对教育规律的深刻理解和准确把握上。教育规律是教育活动内在的本质联系和必然趋势，是构建供给体系必须遵循的准则。在构建供给体系时，应充分考虑学生的年龄特征、认知水平和心理发展阶段，确保供给内容与学生身心发展规律相匹配。例如，对于低年级学生，应侧重基础知识和基本技能的培养；对于高年级学生，应更加注重创新思维和实践能力的培养。

第二课堂成绩单项目供给体系的构建应紧密围绕高校的教育目标，

确保供给内容能够促进学生德智体美劳全面发展，要求供给体系不仅要关注学生的知识学习，而且要重视学生的品德修养、身心健康、审美能力和劳动技能等方面的培养。随着社会的快速发展，对人才的需求也在不断变化，因此，在构建供给体系时，应充分考虑社会发展需求，确保供给内容能够与社会发展相适应。例如，可以增设创新创业、社会实践等课程，培养学生的创新精神和实践能力，以适应社会对人才的需求。

2. 科学合理的课程体系

科学合理的课程体系是第二课堂成绩单项目供给体系的核心组成部分，对于保障供给内容的质量和实施效果具有重要意义。在构建课程体系时，应精心选择课程内容，确保其既符合教育目标要求，又能够激发学生的学习兴趣和积极性；还应注重课程内容的组织，确保知识之间的内在联系和逻辑顺序，帮助学生构建完整的知识体系。例如，可以将思想政治、科技创新、社会实践等课程有机结合，形成相互支撑、相互促进的课程体系。

课程难度的设置应充分考虑学生的认知水平和学习能力，确保课程既具有一定的挑战性，又能够让学生在努力后取得成就感。在构建课程体系时，应对课程难度进行科学合理的设置，以满足不同学生的学习需求。科学合理的课程体系还需要多样化的课程评价方式作为支撑。因此，在构建供给体系时，应探索多元化的评价方式，如项目式评价、同伴评价、自我评价等，以全面、客观地反映学生的学习成果和综合素质。

二、多元化原则与实践性原则

（一）多元化原则

1. 多样化的课程类型

在构建第二课堂成绩单项目供给体系时，多样化的课程类型是实现多元化原则的关键。通过提供丰富多样的课程选择，可以满足不同学生的兴趣爱好、学习风格和职业规划需求，从而拓宽学习视野，促进综合素质的全面提高。多样化的课程类型体现在课程内容的多元性上，除了传统的学术性课程外，还应涵盖艺术、体育、科技、社会实践等多个领域，为学生提供广泛的选择空间。例如，可以开设音乐、舞蹈、戏剧等艺术课程，培养学生的审美情趣和创造力；可以开设篮球、足球、游泳等体育课程，提高学生的身体素质，提高团队协作能力；可以开设编程、机器人、科技创新等科技课程，培养学生的创新思维和实践能力；可以开设志愿服务、社会实践等课程，增强学生的社会责任感和公民意识。

多样化的课程类型还应体现在课程形式的多样性上，除了传统的课堂教学外，还可以采用线上学习、工作坊、讲座、研讨会、实地考察等多种形式，以适应不同学生的学习需求。例如，线上学习可以为学生提供灵活的学习时间和地点选择；工作坊和讲座可以邀请行业专家、学者进行面对面交流，拓宽学生的知识视野；实地考察可以让学生在实践中学习和体验，增强学习的实效性和趣味性。为了满足不同学生的学习需求，多样化的课程类型还应具有层次性，可以根据学生的学习水平、兴趣爱好和职业规划，设置不同难度的课程，如基础课程、进阶课程、高级课程等，既可以满足初学者的学习需求，也可以为有一定基础的学生提供更具挑战性的学习内容。

2. 多元化的评价方式

在构建第二课堂成绩单项目供给体系时，多元化的评价方式是实现多元化原则的重要手段。通过采用多样化的评价方式，可以全面、客观地反映学生的综合素质，促进学生的个性化发展。多元化的评价方式体现在评价主体的多元化上，除了传统的教师评价外，还可以引入学生自评、互评、家长评价、社会评价等多种评价方式。这样可以从多个角度了解学生的学习情况和发展状况，增强评价的客观性和公正性。例如，学生自评可以帮助学生自我反思和成长；互评可以促进学生之间的交流和合作；家长评价可以反映学生在家庭中的表现和学习态度；社会评价可以评估学生的社会实践能力和社会责任感。

多元化的评价方式还应体现在评价内容的多元化上，除了传统的知识掌握情况评价外，还应关注学生的能力、素质、态度等方面的评价。例如，可以评价学生的创新思维、实践能力、团队合作能力、沟通能力、领导力等能力；可以评价学生的道德品质、社会责任感、公民意识等素质；

可以评价学生的学习态度、学习动力、自我管理能力等态度方面的表现。为了全面、客观地反映学生的综合素质，多元化的评价方式还应具有多样性，可以采用考试、作业、项目、报告、演讲、展示等多种评价方式，以适应不同课程类型和学生的学习需求。例如，对于艺术课程，可以采用作品展示和表演的方式进行评价；对于体育课程，可以采用技能测试和比赛的方式进行评价；对于科技课程，可以采用项目报告和实验演示的方式进行评价。

（二）实践性原则

1. 强调实践与应用

实践性原则在第二课堂成绩单项目供给体系的构建中，体现在对实践与应用的高度重视上。这一理念主张通过提供丰富多样的实践机会，让学生在实际操作中学习、成长，从而提高其实际操作能力，增强社会适应性。在构建供给体系时，应注重提供多样化的实践机会，以满足不同学生的兴趣和需求，包括但不限于实习实训、社会服务、科技创新、文体活动等。通过参与这些实践活动，学生不仅能够将理论知识应用于实际情境中，而且能够在实践中发现问题、解决问题，从而培养其实际操作能力和创新能力。例如，在实习实训中，学生可以亲身体验职场环境，了解行业规范，提升专业技能；在社会服务中，学生可以增强社会责任感，培养公民意识，同时锻炼沟通协调和组织能力。

为了确保实践活动的有效性，供给体系中的实践内容应具有针对性，意味着实践活动应紧密围绕学生的专业方向、兴趣爱好和职业规划，提供与其未来发展紧密相关的实践机会。例如，对于工程专业的学生，可以提供与其专业相关的工程项目实践；对于艺术专业的学生，可以组织艺术创作展览和演出等。这样的实践活动不仅能够激发学生的学习兴趣，而且能够为其未来的职业发展奠定坚实的基础。在强调实践与应用的同时，还应建立完善的实践成果评估与反馈机制。通过对学生的实践成果进行评估，可以及时了解其实际操作能力和创新能力的发展情况，为后续的指导和改进提供依据。

2. 实践与理论相结合

实践性原则在第二课堂成绩单项目供给体系的构建中，还体现在对实践与理论相结合的高度重视上。这一理念主张通过实践活动与理论学习的有机结合，促进学生对知识的深入理解和内化，进而提高其综合素质。在供给体系的构建中，应注重将理论学习与实践活动紧密结合，通过理论学习，学生可以掌握基本的概念、原理和方法；通过实践活动，学生则可以将所学知识应用于实际情境中，从而加深对知识的理解和内化。这种相互促进的关系不仅能够提升学生的学习效果，而且能够培养其综合运用知识解决实际问题的能力。

为了促进知识的跨学科融合与应用，供给体系中可以设置一些跨学科实践项目，这些项目可以涉及多个学科领域的知识和技能，要求学生在实践中综合运用所学知识解决问题。通过这样的项目实践，学生不仅能够加深对各学科知识的理解，而且能够培养其跨学科思维和创新能力。例如，可以组织跨学科科研团队，让学生围绕某个实际问题开展研究，提出解决方案。在实践与理论相结合的过程中，还应建立完善的反思与总结机制。通过对实践活动进行反思和总结，学生可以深入理解所学知识的实际应用价值，发现知识之间的内在联系和规律，从而进一步提高其综合素质，反思与总结也有助于学生培养自我反思和自我提升的能力，为其未来的学习和职业发展奠定坚实的基础。

三、可评价性原则与可持续发展原则

（一）可评价性原则

1. 明确评价标准

明确评价标准是可评价性原则的首要内容。在构建第二课堂成绩单项目供给体系时，必须建立一套科学、规范、可操作的评价标准，以确保项目供给的质量和效果。为了确保评价标准的全面性和准确性，评价指标应涵盖多个维度和层次。这些维度包括但不限于项目的教育意义、实践价值、创新性、参与度、影响力等。同时，评价指标还应根据项目的不同性质和目标进行细分，以确保评价的针对性和有效性。例如，对于社会实践类项目，可以重点评价其社会服务效果、团队协作能力和问题解决能力；

对于创新创业类项目，可以重点评价其创新性、可行性和市场潜力。

为了确保评价标准的可操作性和客观性，评价方法应采用量化与质化相结合的方式。量化评价可以通过统计数据、问卷调查等方式进行，以客观反映项目的参与人数、完成度、满意度等指标；质化评价可以通过案例分析、访谈等方式进行，以深入了解项目的实施过程、效果和影响。通过量化与质化相结合的评价方法，可以全面、准确地评估第二课堂成绩单项目供给的质量和效果。随着教育环境和学生需求的变化，第二课堂成绩单项目供给的评价标准也应进行相应的调整和优化，要求评价标准具有一定的灵活性和适应性，能够根据实际情况进行动态调整。例如，可以根据学生的反馈和项目的实施效果，对评价指标进行修订和完善；可以根据教育政策和市场需求的变化，对评价重点进行调整。通过动态调整的评价标准，可以确保第二课堂成绩单项目供给始终符合教育目标和社会需求。

2. 公正透明的评价过程

公正透明的评价过程是可评价性原则的重要保障。在构建第二课堂成绩单项目供给体系时，必须建立一套公正、透明、规范的评价机制，以确保项目供给的公平性和有效性。为了确保评价过程的公正性和客观性，评价机制应涵盖多个参与方，包括学生、教师、项目负责人、学校管理部门等。这些参与方可以从不同的角度对项目进行评价，形成全面的评价结果。同时，评价机制还应明确各参与方的评价权重和评价标准，以确保评价的公正性和合理性。例如，可以设立学生评价委员会和教师评价委员会，分别负责学生角度和教师角度的评价工作；可以设立项目管理办公室，负责项目的整体评价和监督工作。

为了确保评价过程的透明性和规范性，评价流程应公开透明、规范有序，要求评价流程明确、具体、可操作，并且能够被广泛知晓和接受。例如，可以制定详细的评价指南和评价时间表，明确评价的具体步骤、要求和标准；可以通过学校网站、公告栏等方式公开评价流程和评价结果，接受广大师生的监督。通过公开透明的评价流程，可以确保第二课堂成绩单项目供给的公平性和有效性。此外，应建立一套及时反馈与改进机制，要求评价机构能够及时收集和分析评价数据和信息，发现问题和不足，并提出相应的改进建议和措施。例如，可以设立评价反馈系统，让学生、教师等项目参与方能够随时提交评价意见和建议；可以设立项目管理办公室，负责收集与分析评价数据和信息，并制订相应的改进措施。通过及时反馈与改进机制，可以不断提升第二课堂成绩单项目供给的质量和效果。

（二）可持续发展原则

1. 长期规划与短期实施相结合

在构建第二课堂成绩单项目供给体系时，必须注重长期规划与短期实施的结合。长期规划为体系的发展指明了方向和目标，短期实施是实现这些目标的具体步骤和措施。长期规划为第二课堂成绩单项目供给体系的发展提供了战略性的指导，要求在构建体系时，不仅要考虑当前的需求和条件，而且要预见未来的发展趋势和挑战。通过长期规划，可以明确体系的发展目标、重点任务和实施路径，确保体系的发展方向与目标一致。例如，可以设定未来五年或十年的发展目标，包括项目供给的数量和质量、学生参与度的增强、教育效果的评估等。长期规划的实现离不开短期实施的具体步骤和措施，短期实施要求在长期规划的指导下，制订详细的项目计划、时间表和资源分配方案，确保每一项任务都能够得到有效落实。通过短期实施，可以将长期规划中的目标分解为可操作的任务和指标，逐步实现体系的发展目标。例如，可以设定每学期或每年的项目供给数量和质量指标，制订相应的实施计划和时间表，确保项目供给的稳定性和持续性。

长期规划与短期实施是相互依存、相互促进，长期规划为短期实施提供了方向和目标，短期实施是实现长期规划的具体手段。在构建第二课堂成绩单项目供给体系的过程中，需要不断评估和调整长期规划与短期实施之间的关系，确保它们之间的协调一致。例如，可以定期评估短期实施的效果和影响，根据评估结果对长期规划进行调整和优化。

2. 持续改进与创新

可持续发展原则还要求第二课堂成绩单项目供给体系必须具备持续改进与创新的能力，通过不断改进和创新，体系能够保持其活力和竞争力，适应不断变化的教育环境和学生需求。随着教育环境和学生需求的变化，第二课堂成绩单项目供给体系也需要不断进行调整和优化。持续改进要求在体系运行过程中，不断发现问题、分析原因并采取相应的改进措施。通过持续改进，可以不断提升体系的质量，确保其满足学生的需求和期望。例如，可以定期对项目供给进行评估和反馈，收集学生和教师的意见与建议，根据评估结果对项目供给进行调整和优化。

创新是保持第二课堂成绩单项目供给体系活力和竞争力的关键，要求在构建体系时，不仅要借鉴与吸收已有的成功经验和做法，而且要积极探索与实践新的理念、方法和技术。通过创新，可以为体系注入新的活力和动力，不断提升其吸引力和影响力。例如，可以尝试引入新的项目类型或形式，如在线课程、虚拟实验室等；可以尝试采用新的评价方法和标准，如基于大数据的评价体系。持续改进与创新相辅相成、相互促进，持续改进为创新提供了基础和动力，创新则为持续改进提供了新的思路和方向。在构建第二课堂成绩单项目供给体系的过程中，需要将持续改进与创新紧密结合起来，不断探索与实践新的理念、方法和技术，同时保持对体系运行的持续关注和评估。通过持续改进与创新的协同作用，可以不断提升体系的质量，确保其适应不断变化的教育环境和学生需求。

第二节 第二课堂成绩单项目供给体系的概念与内涵

一、第二课堂成绩单项目供给体系的概念

（一）第二课堂成绩单的定义

第二课堂成绩单作为一种新兴的教育评价体系工具，其定义可以从多个维度进行深入剖析。从字面意义上看，"第二课堂成绩单"是对"第二课堂"活动经历及其成果的一种记录和评价形式。这里的"第二课堂"是与传统意义上的"第一课堂"（即正式的课堂教学）相对而言的，涵盖了学生在课外时间独立或在教师指导下参与的各种素质教育活动，如社会实践、志愿服务、创新创业、文体活动、劳动教育等。从教育评价体系的视角来看，第二课堂成绩单是对学生参与这些非传统课堂教育活动的一种系

统化、制度化、规范化的记录和认证方式，不仅记录了学生的参与情况，而且通过科学的方法和标准对学生的活动成果进行了评价，从而为学生提供了一个全面反映其综合素质和能力发展的成绩单。

在构建和实施第二课堂成绩单制度的过程中，其定义还蕴含了对教育目的和教育方式的深刻理解，体现了发展素质教育的理念，旨在通过多样化的教育途径和方式，促进学生的全面发展，包括知识、能力、情感态度与价值观等多方面的提升。同时，第二课堂成绩单制度也遵循了回归生活世界的逻辑，将教育评价从传统的课堂教学扩展到学生的日常生活和实践中，使教育评价更加全面、真实和有效。

（二）项目供给体系的基本构成

1. 项目设计

项目设计是第二课堂成绩单项目供给体系的基础环节，其核心在于构建一个多元化、结构化的课程体系，以满足学生多样化的学习需求和发展目标。这一课程体系应涵盖思想成长、创新创业、社会实践、志愿服务、文体活动、技能培训等多个领域，确保学生在参与过程中能够获得全面而均衡的发展。在项目设计过程中，需要充分考虑学生的兴趣爱好、专业背景、社会需求等因素，以确保项目的针对性和实用性，应注重项目之间的衔接和融合，形成一个有机整体，促进学生的综合素质提高。此外，项目设计还应注重创新性和前瞻性，引入新的教育理念和方法，推动教育评价体系的不断发展和完善。

2. 项目实施

项目实施是第二课堂成绩单项目供给体系的关键环节，其核心在于确保各类素质教育活动的有效开展和过程管理。这一环节需要关注活动的组织、实施、监督和反馈等方面，以确保活动的质量和效果。在项目实施过程中，需要建立完善的组织机构和管理制度，明确各部门的职责和分工。为确保活动的顺利进行，应注重活动的宣传和推广，吸引更多的学生参与；还应加强活动的监督和反馈机制，及时发现和解决问题，确保活动的质量和效果。为了确保活动的有效开展和过程管理，还可以引入信息化手段，如建立第二课堂成绩单网络管理系统，实现活动的在线报名、签到、评价等功能，提高管理效率，增强其准确性。同时，还可以通过数据分析等手段，对活动的参与情况、效果等进行评估和分析，为后续的项目设计和实施提供参考依据。

3. 项目评估

项目评估是第二课堂成绩单项目供给体系的重要环节，其核心在于建立科学、全面的评价体系，对学生在参与过程中的表现和成果进行评价与认证。这一评价体系应涵盖多个维度，如参与度、创新能力、团队协作、实践成果等，以全面反映学生的综合素质和能力水平。在项目评估过程中，需要采用多种评价方法和手段，如定量评价、定性评价、同行评价、自我评价等，以确保评价的客观性和准确性；还应注重评价的反馈和指导作用，帮助学生了解自己的优势和不足，明确未来的发展方向和目标。此外，项目评估应与学校的整体教育评价体系相结合，将第二课堂成绩单纳入学生的综合素质评价体系之中，为学生评优、推优入党、就业推荐等提供依据；还可以通过项目评估的结果反馈机制，不断优化与调整项目供给体系的内容和结构，增强教育的针对性和实效性。

二、第二课堂成绩单项目供给体系的内涵

（一）教育目标的多元化

1. 素质拓展提升

素质拓展提升是第二课堂成绩单项目供给体系的核心目标之一。在传统课堂教学中，学生主要接受的是专业知识的传授和技能的培养，第二课堂成绩单项目供给体系则侧重学生综合素质的提高，包括创新思维、团队协作能力、领导力、跨文化交流能力等多个方面。通过参与第二课堂成绩单项目，学生可以接触到更多元化的学习资源和活动形式，如创新创业竞赛、学术讲座、文化交流活动等。这些活动不仅能够拓宽学生的知识视野，而且能够激发学生的创新思维和实践能力。例如，在创新创业竞赛中，学生需要自主选题、设计方案、组织实施。这一过程不仅锻炼了学生的创新思维和团队协作能力，而且培养了学生的领导力和市场洞察力。此外，第二课堂成绩单项目

供给体系还注重学生的个性化发展。通过提供多样化的课程和活动选择，学生可以根据自己的兴趣和特长进行有针对性的学习与锻炼，从而实现个人素质的全面提高。这种个性化的培养方式有助于培养学生的自信心和自主学习能力，为其未来的职业发展奠定坚实的基础。

2. 社会实践锻炼

社会实践锻炼是第二课堂成绩单项目供给体系的重要组成部分。通过参与社会实践活动，学生可以深入了解社会现实，增强社会责任感，提高实践能力。这些活动不仅能够让学生将所学知识应用于实际情境中，而且能够培养学生的社会责任感和公民意识。社会实践活动通常包括社会调查、志愿服务、实习实训等多种形式。例如，在社会调查中，学生可以深入社区、农村等地进行实地调研，了解社会现象和问题，提出解决方案；在志愿服务中，学生可以为弱势群体提供帮助和支持，传递爱心和正能量；在实习实训中，学生可以在企业、机构等真实工作环境中进行实践锻炼，提升职业技能和工作经验。通过参与社会实践活动，学生可以更好地认识社会、了解社会、服务社会，从而增强社会责任感，提高实践能力。这些活动还能够培养学生的团队合作精神和解决问题的能力，为其未来的职业发展奠定坚实的基础。

3. 志愿服务公益

志愿服务公益是第二课堂成绩单项目供给体系的重要一环。通过参与志愿服务活动，学生可以深入了解社会公益事业，培养社会责任感和公民意识。这些活动不仅能够让学生为社会作出贡献，而且能够提升学生的道德品质，提高人文素养。志愿服务活动通常包括支教、环保、助残、社区服务等多种形式。例如，在支教活动中，学生可以到偏远地区或贫困学校进行支教服务，为当地学生提供教育支持；在环保活动中，学生可以参与环境保护、节能减排等公益项目，为环境保护事业贡献力量；在助残活动中，学生可以为残疾人提供帮助和支持，传递关爱和温暖；在社区服务中，学生可以为社区居民提供志愿服务，增进社区和谐与凝聚力。通过参与志愿服务活动，学生可以深入了解社会公益事业的需求和挑战，培养社会责任感和公民意识。这些活动还能提高学生的组织协调能力和人际交往能力，为其未来的职业发展奠定坚实的基础。

4. 自我管理服务

自我管理服务是第二课堂成绩单项目供给体系的重要组成部分。通过参与自我管理服务活动，学生可以提高自主学习能力和自我管理能力，为未来的职业发展奠定坚实的基础。自我管理服务活动通常包括学生组织建设、社团活动管理、个人成长规划等多种形式。例如，在学生组织建设中，学生可以参与学生会、社团等组织的日常管理和活动策划工作，锻炼组织协调能力和领导力；在社团活动管理中，学生可以参与社团活动的策划、组织和实施工作，提高团队协作能力和项目管理能力；在个人成长规划中，学生可以制订个人成长计划和发展目标，明确未来的职业方向和发展路径。通过参与自我管理服务活动，学生可以提高自主学习能力和自我管理能力，这些能力不仅有助于学生更好地适应未来的职业发展需求，而且能够培养学生的独立思考和解决问题的能力，增强学生的自信心和责任感，为其未来的职业发展奠定坚实的基础。

（二）评价机制的科学化

1. 记录式评价

记录式评价是第二课堂成绩单项目供给体系评价机制的基础，其核心在于通过客观、全面的方式记录学生参与第二课堂活动的经历和成果。这种评价方式强调对活动过程的真实反映，旨在通过详细的记录，为学生综合素质的评价提供有力的数据支持。在记录式评价中，关键在于建立一套完善的记录体系。这一体系应涵盖学生参与的所有第二课堂活动，包括但不限于思想成长、实践实习、志愿公益、文体活动、创新创业等多个方面。对于每一项活动，都应详细记录活动的时间、地点、内容、参与人员、活动效果等关键信息，以确保记录的全面性和准确性。

此外，记录式评价还应注重评价的客观性和公正性。评价过程中应避免主观臆断和偏见，确保评价结果的客观性和公正性，要求评价者在记录过程中保持中立态度，严格按照评价标准和程序进行操作，确保评价结果的客观性和可信度。记录式评价的意义在于为学生综合素质的评价提供翔实的数据支持。通过这些记录，学校和用人单位可以全面了解学生在第二课堂活动中的表现与成果，从而更加准确地评价学生的综合素质和潜力。这些记录也有助于学生自我认知和自我提升，帮助他们更好地规划自己的学习和职业生涯。

2. 学分式评价

学分式评价是第二课堂成绩单项目供给体系评价机制的另一个重要组成部分，其核心在于通过规范化、量化的方式管理学生参与第二课堂活动的成果，以实现对学生综合素质的量化评价。在学分式评价中，关键在于建立一套完善的学分认定体系。这一体系应明确各类第二课堂活动的学分标准和认定程序，确保学分认定的规范性和公正性。对于不同类型的活动，可以根据其难度、复杂性和价值等因素设定不同的学分标准，还应建立一套完善的学分认定程序，确保学分认定的公正性和准确性。

学分式评价的意义在于为学生综合素质的评价提供量化依据，通过学分式评价，学校和用人单位可以更加直观地了解学生在第二课堂活动中的表现与成果，从而更加准确地评价学生的综合素质和潜力。学分式评价也有助于激发学生参与第二课堂活动的积极性和主动性，促进他们更加全面地提高自己的综合素质。然而，学分式评价也存在一定的局限性。例如，它可能过于强调量化指标，而忽视了一些难以量化的重要素质和能力。因此，在实施学分式评价时，需要与其他评价方式相结合，以确保评价结果的全面性和准确性。

3. 综合式评价

综合式评价是第二课堂成绩单项目供给体系评价机制的核心，其核心在于通过全面、综合的方式评价学生的综合素质。这种评价方式强调对学生多方面能力和素质的综合考量，旨在通过全面的评价，为学生综合素质的提供有力的支持。在综合式评价中，关键在于建立一套完善的综合评价体系。这一体系应涵盖学生思想成长、实践实习、志愿公益、文体活动、创新创业等多个方面的能力和素质，确保评价的全面性和准确性。对于每一个方面，都应设定相应的评价指标和权重，确保评价的公正性和科学性。

综合式评价的意义在于为学生综合素质的评价提供全面的视角。通过这种评价方式，学校和用人单位可以全面了解学生在第二课堂活动中的表现与成果，从而更加准确地评价学生的综合素质和潜力。综合式评价也有助于引导学生全面发展自己的能力和素质，为他们未来的职业生涯奠定坚实的基础。在实施综合式评价时，需要注意以下几点：第一，评价指标和权重的设定应科学合理，既要反映学生的综合素质和能力水平，又要避免过于烦琐和复杂；第二，评价过程应注重客观性和公正性，避免主观臆断和偏见的影响；第三，评价结果应及时反馈给学生，以便他们了解自己的优势和不足，从而有针对性地进行改进和提升。

（三）运行模式的系统化

1. 项目发布与过程管理

项目发布与过程管理是第二课堂成绩单项目供给体系运行模式的起点，也是确保各项活动规范、高效执行的基础，这一环节主要包括项目策划、项目发布、项目执行和项目监控四个方面。

项目策划是确保活动质量和效果的关键。在策划阶段，需要对活动目标、内容、形式、时间、地点等进行详细规划，确保活动的针对性和实效性；还需要考虑活动的可行性和可持续性，以确保活动的长期稳定运行。项目发布是将策划好的活动向广大学生进行推广的重要环节，通过校园网络、宣传栏、海报等多种渠道，将活动的信息传递给目标群体，激发他们的参与热情。在发布过程中，需要确保信息的准确性和及时性，以避免因信息不畅导致的误解或延误。项目执行是确保活动顺利进行的关键。在执行阶段，需要明确活动的组织机构和人员分工，确保各项任务得到有效落实；还需要对活动现场进行管理和监控，确保活动的秩序和安全。项目监控是对活动执行情况进行实时跟踪和评估的过程，通过收集活动现场的数据和信息，对活动的效果进行初步评估，以便及时调整和优化活动方案。监控过程还包括对活动参与者的反馈和意见的收集，以便更好地了解他们的需求和期望。

2. 数据收集与分析

数据收集与分析是第二课堂成绩单项目供给体系运行模式的核心环节，也是确保体系持续改进和优化的关键，这一环节主要包括数据采集、数据处理和数据分析三个方面。

数据采集是获取活动现场数据和信息的基础。通过问卷调查、访谈、观察等多种方式，收集参与者的反馈和意见，以及活动的实际效果和影响，这些数据和信息将为后续的分析与决策提供有力的支持。数据处理是对收集到的数据和信息进行整理与加工的过程。通过数据清洗、转换和整合，将原始数据转化为可用于分析的标准格式，这一步骤有助于确保数据的准确性和一致性，为后续的分析工作奠定基础。数据分析是对处理后的数据和信息进行深入挖掘和解释的过程。通过统计分析、趋势预测、关联分析等多种方法，揭示数据背后的规律和模式，为决策提供科学依据。例如，通过分析学生参与第二课堂活动的频率和类型，可以了解他们的兴趣和需求，为后续的活动策划和供给提供依据。数据收集与分析的系统化有助于第二课堂成绩单项目供给体系实现科学决策和持续改进。通过深入挖掘和分析数据背后的规律和模式，可以不断优化活动方案、提升活动质量，为学生提供更加优质、个性化的第二课堂资源。

3. 反馈与改进机制

反馈与改进机制是第二课堂成绩单项目供给体系运行模式的重要组成部分，也是确保体系持续优化和提升的关键，这一机制主要包括反馈收集、问题分析和改进措施制订三个方面。

反馈收集是获取参与者意见和建议的重要途径。通过问卷调查、访谈、在线评论等多种方式，收集参与者对第二课堂成绩单项目供给体系的反馈和意见。这些反馈和意见将为后续的问题分析与改进措施制订提供有力的支持。问题分析是对收集到的反馈和意见进行深入剖析与解读的过程。通过识别问题、分析问题产生的原因和影响，为制订改进措施提供依据。例如，通过分析学生参与第二课堂活动的积极性和参与度不高的问题，可以发现是活动形式单一、缺乏吸引力等原因导致的。改进措施制订是针对问题分析结果提出的具体解决方案和行动计划。通过制订有针对性的改进措施，如丰富活动形式、提升活动质量、加强宣传推广等，不断优化第二课堂成绩单项目供给体系，实现体系的持续优化和提升。反馈与改进机制的系统化有助于第二课堂成绩单项目供给体系实现持续改进和优化。通过及时反馈与深入分析参与者的意见和建议，可以不断优化活动方案、提升活动质量，为学生提供更加优质、个性化的第二课堂资源。

第三节　第二课堂成绩单项目供给的内容体系

一、第二课堂成绩单项目供给内容体系的核心组成

（一）专业知识与技能拓展

1. 学术讲座与研讨会分析

学术讲座与研讨会作为第二课堂成绩单项目供给内容体系的重要组成部分，对于拓宽学生的学术视野、深化专业理解、激发创新思维具有重要意义。学术讲座通常由领域内知名学者、专家或行业领袖主讲，不仅拥有深厚的学术功底，而且能将最新的研究成果、行业趋势和实践经验带入课堂，为学生提供宝贵的学习资源。这些讲座内容往往涵盖学科前沿、热点问题、研究方法等多个方面，有助于学生构建全面的知识体系，提高专业素养。研讨会是学术讲座的重要补充，通过组织小组讨论、案例分析、角色扮演等多种形式，鼓励学生积极参与、主动思考、勇于表达。在研讨过程中，学生不仅能够加深对讲座内容的理解，而且能够锻炼团队合作能力和口语表达能力。此外，研讨会还为学生提供了与专家学者直接交流的机会，使他们能够就感兴趣的问题进行深入探讨，甚至可能产生新的研究思路或创新点。学术讲座与研讨会的有机结合，形成了一个完整的知识传授、思想碰撞和能力提高的过程。通过这一过程，学生不仅能够掌握扎实的专业知识，而且能够学会如何运用这些知识分析、解决问题，进而提高他们的实践能力和创新能力，对于培养具有创新精神和实践能力的高素质人才具有重要意义。

2. 专业技能培训与认证体系

专业技能培训与认证体系是第二课堂成绩单项目供给内容体系的另一重要组成部分，旨在通过系统的培训和认证流程，帮助学生掌握实用的专业技能，增强就业竞争力。专业技能培训通常包括理论学习和实践操作两个环节。在理论学习阶段，学生将通过课程学习、在线教程、教材研读等

多种方式,掌握专业技能的基本概念和原理。在实践操作阶段,学生将通过模拟演练、项目实践、实习实训等多种形式,将所学知识应用于实际情境中,增强技能操作的熟练度和准确性。这种理论与实践相结合的培训方式有助于学生更好地理解和掌握专业技能。认证体系是专业技能培训与提升的重要保障。通过参与认证考试或项目评审等方式,学生可以证明自己在某个专业技能领域达到了特定的水平或标准。这种认证不仅是对学生个人能力和努力的认可,而且是用人单位在招聘过程中重要的参考依据。专业技能培训与认证体系的完善还有助于推动学科交叉与融合。随着科技的迅猛发展和社会的快速变迁,单一的专业技能已经难以满足复杂多变的工作需求。因此,通过提供跨学科的专业技能培训与认证服务,可以帮助学生掌握多种技能、拓展职业路径,为他们的未来发展提供更多可能性。

(二)社会实践与志愿服务

1. 社会实践活动的组织与实施

社会实践活动是第二课堂成绩单项目中不可或缺的一环,不仅能够让学生走出校园,接触社会,而且能够在实践中锻炼学生的组织协调能力、问题解决能力和团队协作能力。社会实践活动的组织与实施,需遵循系统性、针对性和实效性的原则。系统性体现在活动的规划与设计上,高校应根据学生的专业特点、兴趣爱好和社会需求,制订详细的社会实践活动计划,明确活动目标、内容、形式和时间安排,建立完善的活动管理机制,包括活动申报、审批、实施、监督和总结等环节,确保活动顺利进行。

针对性是社会实践活动的重要特征。不同专业的学生有着不同的知识背景和实践需求,因此,社会实践活动应紧密结合学生的专业特点,设计具有专业特色的实践项目。例如,法学专业的学生可以参与法律援助、普法宣传等活动;医学专业的学生可以开展健康宣教、医疗义诊等,这样的活动设计既能增强学生的专业认同感,又能提高他们的实践能力。此外,实效性是评价社会实践活动成功与否的关键指标。高校应注重活动的实际效果,通过问卷调查、访谈、座谈会等方式,收集学生、教师和社会各界的反馈意见,对活动效果进行客观评价,建立激励机制,对表现突出的学生给予表彰和奖励,激发学生的参与热情。

2. 志愿服务项目的开展

志愿服务作为社会实践活动的重要组成部分，不仅能够培养学生的奉献精神和社会责任感，而且能够提高他们的组织协调能力和人际交往能力。志愿服务项目的开展，需注重项目的选择、培训与管理、成果的展示与宣传。

项目的选择是志愿服务活动的关键。高校应根据学生的实际情况和社会需求，选择具有教育意义、社会影响力和可操作性的志愿服务项目。例如，参与社区服务、环保宣传、支教助学等活动，这些活动既能让学生接触到社会的不同层面，又能锻炼他们的实践能力和团队协作能力。培训与管理是确保志愿服务活动顺利进行的重要保障。在活动开展前，高校应对学生进行必要的培训，包括志愿服务理念、服务技能、安全知识等方面的内容，建立志愿服务管理机制，明确志愿者的职责、权利和义务，确保活动的有序进行。在活动过程中，加强监督和指导，及时发现和解决问题，确保活动的顺利进行。成果的展示与宣传是志愿服务活动的重要环节，通过举办成果展示会、交流会、宣传栏等方式，展示志愿者的服务成果和心得体会，增强学生的成就感和自豪感，加强与社会各界的联系和合作，扩大志愿服务活动的影响力和知名度，吸引更多的人参与到志愿服务中。

（三）文化艺术与体育健身

1. 文化艺术活动的举办与成果

文化艺术活动是培养学生审美情趣、创新思维和人文素养的重要途径。高校通过举办各类文化艺术活动，不仅能够丰富校园文化生活，而且能够激发学生的创造力和表现力，提高他们的综合素质。高校应根据学生的兴趣和特长，举办音乐、舞蹈、戏剧、美术、摄影等多种类型的文化艺术活动，鼓励跨学科的融合与创新，如艺术与科技的结合，为学生提供更广阔的创作空间。这些活动不仅能够满足学生的个性化需求，而且能够促进不同学科之间的交流与碰撞，激发学生的创新思维。

高校还应邀请知名艺术家、学者和专家参与活动的策划、指导、评审工作，提升活动的专业水平和学术价值。鼓励学生参与艺术研究、创作和表演，通过实践锻炼提高他们的艺术修养和表现能力，这些活动不仅能够为学生提供展示才华的舞台，而且能够促进他们在艺术创作和学术研究方面的深入探索。此外，文化艺术活动的举办应注重成果展示和反馈机制。高校应通过展览、演出、比赛等形式展示学生的艺术成果，增强他们的成就感和自信心，建立反馈机制，收集学生、教师和社会各界的意见和建议，对活动效果进行客观评价，为今后的活动举办提供有益的参考。

2. 体育健身项目的推广与效果

体育健身项目对于提高学生的身体素质、培养团队精神和促进心理健康具有重要作用。高校通过推广各类体育健身项目，不仅能够丰富校园文化生活，而且能够提高学生的身体素质和团队协作能力。体育健身项目的推广应注重多样性和普及性。高校应根据学生的兴趣和需求，推广篮球、足球、羽毛球、游泳、瑜伽等多种类型的体育健身项目，注重项目的普及性，鼓励全体学生积极参与，形成浓厚的校园体育氛围。这些项目不仅能够满足学生的体育锻炼需求，而且能够促进他们之间的交流与互动，增强团队凝聚力。

体育健身项目的推广应注重科学性和实效性。高校应邀请专业教练和体育专家参与项目的指导和培训工作，确保学生能够得到科学、系统的体育锻炼。注重项目的实效性，通过定期的比赛、测试等方式检验学生的锻炼效果，及时调整训练计划，提升锻炼效果，这些措施不仅能够提高学生的身体素质，而且能够培养他们的坚忍意志和拼搏精神。此外，体育健身项目的推广应注重成果展示和激励机制。高校应通过举办运动会、体育比赛等形式展示学生的体育成果，增强他们的成就感和自信心。同时，建立激励机制，对表现突出的学生给予表彰和奖励，激发他们的参与热情和积极性。这些措施不仅能够促进学生的全面发展，而且能够为校园体育文化的建设注入新的活力。

二、供给内容体系的资源配置与实施管理

（一）师资力量与教学资源配置策略

1. 师资力量配置策略

师资力量的合理配置对于第二课堂成绩单项目的成功实施至关重要。

一个高效、专业的教师团队不仅能够提供高质量的教学内容，而且能够激发学生的学习兴趣，提升项目的整体效果。为了满足第二课堂成绩单项目多样化、跨学科的需求，高校应构建多元化的师资结构，包括邀请校内外的专家学者、行业领袖、艺术家、体育教练等作为项目的指导教师或嘉宾。多元化的师资结构能够为学生提供丰富的知识和经验，拓宽他们的视野，激发他们的创造力。

高校应重视教师的专业发展，通过定期的培训、研讨会和学术交流等活动，提高教师的专业素养和教学能力。特别是针对第二课堂成绩单项目中的新兴领域和交叉学科，高校应组织专项培训，帮助教师掌握最新的教学方法和技术，确保教学质量。为了激发教师参与第二课堂成绩单项目的积极性，高校应建立完善的激励机制和评价体系。通过设立教学奖励、科研项目资助、职称评定倾斜等措施，鼓励教师投入更多的时间和精力到项目中，建立科学的评价体系，对教师的教学成果和项目贡献进行客观、公正的评价，确保师资力量的持续优化。

2. 教学资源配置策略

教学资源的有效配置是确保第二课堂成绩单项目顺利实施的重要保障，包括教学设施、教材资料、网络平台等多个方面。为了满足第二课堂成绩单项目对教学设施的需求，高校应加大对教学设施的投入力度，优化和升级现有的教学条件。例如，建设多功能教室、实验室、艺术工作室、体育场馆等，为学生提供良好的学习环境和实践平台，注重教学设施的维护与更新，确保其始终处于良好的运行状态。教材资料是第二课堂成绩单项目的重要组成部分。高校应组织教师团队编写具有针对性、实用性和前瞻性的教材资料，满足学生的学习需求，建立教材资料共享平台，鼓励学生和教师上传与分享优秀的教学资源，促进知识的传播和共享。随着信息技术的快速发展，网络平台已成为第二课堂成绩单项目不可或缺的一部分。高校应搭建功能齐全、易于使用的网络平台，为学生提供在线学习、交流、互动的机会。通过网络平台，学生可以随时随地访问教学资源、参与讨论、提交作业等，增强学习的灵活性。同时，网络平台还可以为教师提供便捷的教学管理工具，如在线授课、作业批改、成绩统计等，减轻教师的工作负担。

（二）经费支持与资金筹措机制探讨

1. 经费支持策略

经费支持是确保第二课堂成绩单项目得以实施的基础。合理的经费支持策略不仅能够为项目提供稳定的资金来源，而且能够提高资金的使用效率，确保项目的质量和效果。

为了确保第二课堂成绩单项目的经费稳定，高校应探索多元化的经费来源渠道，包括政府拨款、学校自筹、社会捐赠、企业合作等多种形式。政府拨款是项目经费的主要来源之一，高校应积极争取政府的支持和投入。同时，学校自筹资金也是不可忽视的一部分，通过调整预算结构、优化资源配置等方式，可以为项目提供更多的经费支持。此外，社会捐赠和企业合作也是重要的经费来源。高校应加强与社会各界的联系和合作，拓宽经费筹措渠道。

在经费支持过程中，精细化管理是确保资金高效使用的关键。高校应建立完善的预算管理制度，对项目的经费使用进行精细化的规划和监控，包括制订详细的预算计划、明确经费使用范围和标准、加强预算执行过程中的监督和管理等措施。通过精细化管理，高校可以确保项目经费的合理使用，提高资金的使用效率。

为了确保经费支持的有效性，高校应建立科学的绩效评估机制和激励机制，通过定期的项目评估，对项目的实施效果、资金使用情况等进行客观、公正的评价，为后续的经费支持提供决策依据。同时，建立激励机制，对表现突出的项目和个人给予表彰与奖励，激发师生的积极性和创造性，推动项目的持续发展。

2. 资金筹措机制

资金筹措机制是确保第二课堂成绩单项目经费稳定的重要保障。通过构建合理的资金筹措机制，高校可以为项目提供更多的经费支持，确保项目的顺利进行。在资金筹措过程中，市场化运作与资本运作也是一种重要的机制。高校可以通过市场化运作方式，如开展培训、咨询服务、文化创意产品开发等，为项目筹措经费。同时，利用资本运作手段，如设立专项基金、发行债券等方式，拓宽经费筹措渠道。通过市场化运作与资本运作的有机结合，可以形成多元化的资金筹措模式，提高资金筹措的效率。为了确保第二课堂成绩单项目的经费稳定，高校应建立长效资金筹措机制，包括建立稳定的经费来源渠道、制订长期的资金筹措计划、加强与社会各界的联系和合作等措施。通过长效资金筹措机制的建立，可以确保项目经费的持续稳定，为项目的长期发展提供有力的保障。

（三）教学组织与实施管理流程

1. 教学组织流程的优化与标准化

教学组织流程的优化与标准化是确保第二课堂成绩单项目高效运行的基础。通过优化流程设计、明确职责分工、制定标准规范，可以提高教学组织效率，确保教学质量。

（1）流程优化

教学组织流程的优化应围绕项目目标、教学内容和学生需求展开，需要明确项目目标和教学内容，根据目标设定合理的教学计划，对流程中的各个环节进行细致分析，识别瓶颈和冗余环节，通过简化流程、并行处理等方式提高流程效率。例如，可以采用项目化管理方法，将第二课堂成绩单项目分解为若干个子项目，明确每个子项目的责任人和完成时间，通过定期会议、进度跟踪等方式确保项目按计划推进。

（2）标准化建设

教学组织流程的标准化是确保教学质量的关键。高校应制定统一的教学组织标准和规范，包括教学计划、教学大纲、教学方法、评估标准等。这些标准和规范应基于教育教学理论与实践经验，结合项目的实际情况制定，确保教学的科学性、系统性和实效性。同时，高校应加强对教师和管理人员的培训，提高他们的专业素养和教学能力，确保标准和规范的有效执行。

2. 实施管理流程的监控与评估

实施管理流程的监控与评估是确保第二课堂成绩单项目质量的重要环节。通过实时监控项目进度、评估教学质量、收集学生反馈等方式，可以及时发现问题、调整策略，确保项目顺利进行。

（1）监控机制

实施管理流程的监控应贯穿于项目的全过程。高校应建立项目监控机制，明确监控指标和监控频率，对项目的进度、质量、成本等方面进行全面监控。例如，可以设立项目管理办公室或指定专人负责项目监控工作，定期收集和分析项目数据，及时发现和解决问题。同时，高校应加强对教学过程的监控，通过课堂观察、教学日志、学生作业等方式了解教师的教学情况和学生的学习效果，为评估和改进提供依据。

（2）评估与反馈

实施管理流程的评估与反馈是确保项目质量的关键。高校应建立科学的评估体系，包括教学评估、学生评估、项目评估等多个方面。教学评估应关注教师的教学态度、教学方法、教学效果等方面；学生评估应关注学生的学习兴趣、学习成果、满意度等方面；项目评估应关注项目的目标达成度、资源利用效率、社会影响等方面。通过评估，可以了解项目的整体情况和存在的问题，为改进提供依据。同时，高校应建立有效的反馈机制，及时将评估结果反馈给教师和学生，鼓励他们积极参与项目改进工作，形成持续改进的良性循环。

第四节　第二课堂成绩单项目供给的主要问题

一、第二课堂成绩单项目供给内容的主要问题

（一）活动供给类型不均衡

1. 活动供给类型单一，难以满足学生多样化需求

当前，第二课堂成绩单项目在供给内容方面呈现出明显的单一性，主要表现为以思想成长和文体活动为主，其他类型的活动供给相对较少，这种不均衡的供给状态难以满足学生多样化的需求。从思想成长类活动来看，这类活动通常包括政治理论学习、主题团日活动、形势政策教育等，虽然对于提高学生的政治素养和思想认识具有重要意义，但是过多地强调

此类活动，容易使学生产生厌倦情绪，影响其参与的积极性。此外，思想成长类活动的供给过剩也可能挤占其他类型活动的空间，导致学生无法接触到更多元化的知识和体验。

文体活动虽然能够丰富学生的课余生活，提高学生的身体素质和艺术修养，但是过多地强调此类活动，容易使学生忽视其他方面的发展。例如，技能特长类活动能够培养学生的专业技能和实践能力，志愿公益类活动能够培养学生的社会责任感和奉献精神，创新创业类活动能够激发学生的创新思维和创业意识。然而，由于这些类型的活动供给不足，导致学生无法在这些方面得到充分的锻炼和提升。

2. 活动供给类型不均衡，影响教育效果和学生成长

第二课堂成绩单项目供给内容的不均衡，不仅影响了学生参与的积极性，而且限制了项目本身的教育效果。第二课堂成绩单项目的初衷是促进学生的全面发展，而活动供给类型的不均衡，使得学生在某些方面的发展得到重视，在其他方面则被忽视，这种不均衡的发展状态不利于学生形成全面的素质和能力。由于活动供给类型单一，难以满足学生多样化的需求，因此可能导致学生参与的热情降低，当学生发现第二课堂成绩单项目无法提供他们感兴趣或认为有价值的活动时，可能会选择放弃参与，从而错失提升自我、锻炼能力的机会。第二课堂成绩单项目通常需要通过一定的评估机制来检验其教育效果，然而，由于活动供给类型不均衡，可能导致评估结果无法全面反映学生的实际情况。例如，如果过多地强调思想成长和文体活动，那么在评估时可能会过于关注这些方面的表现，而忽视其他方面的发展。

（二）活动项目课程考核存在不便

1. 考核方式与标准不统一，影响评价的公正性与准确性

第二课堂成绩单项目涵盖了多种类型的活动，如学术科技、文化艺术、体育竞技、社会实践等，这些活动在性质、目标、实施方式等方面存在显著差异。然而，在实际操作中，往往缺乏一套统一且具体的考核方式与标准，导致评价过程的主观性、随意性较大，难以保证评价的公正性与准确性。

考核方式的多样性导致评价尺度差异，一些活动可能采用报告、论

文、作品展示等形式进行考核，另一些活动则可能侧重实际操作、团队合作、创新能力等方面的评价。这种多样性的考核方式虽然在一定程度上能够反映活动的特点，但是也给整体评价带来了困难。由于缺乏统一的标准，不同活动之间的评价结果难以进行比较和汇总，因此影响了成绩单项目的整体评价效果。考核标准的模糊性降低了评价的准确性。在第二课堂成绩单项目中，往往缺乏明确、具体的考核标准，导致评价者在打分时存在较大的主观性。例如，对于同一项活动，不同的评价者可能会根据自己的理解、偏好、经验给出不同的分数，这不仅影响了评价的公正性，而且降低了评价的准确性。此外，模糊的考核标准还可能导致学生在参与活动时缺乏明确的目标和导向，从而影响其积极性和参与度。

2. 现场考核难度大，影响考核效率与准确性

第二课堂成绩单项目的活动项目课程往往具有实践性、创新性、团队性等特点，这些特点使得现场考核成为评价学生表现的重要环节。然而，在实际操作中，现场考核的难度较大，给考核工作带来了诸多不便。

现场考核需要投入大量的人力、物力和时间，由于第二课堂成绩单项目涉及的活动类型多、数量大，因此需要进行大量的现场考核工作，不仅需要投入大量的评价人员，而且需要提供相应的场地、设备等资源支持。同时，现场考核还需要花费较长的时间，从准备、实施到反馈都需要经过多个环节，增强了考核工作的复杂性。现场考核的准确性和客观性难以保证。在现场考核过程中，评价者需要对学生的表现进行实时观察、记录和评价。由于人的主观性、疲劳、注意力分散等因素的影响，评价者的判断可能会受到干扰，从而影响考核的准确性和客观性。此外，现场考核还容易受到环境、设备、时间等外部因素的影响，进一步增加了考核的难度。

二、第二课堂成绩单项目供给实施管理的主要问题

（一）思想认识不统一

1. 对制度理解不足，影响实施效果与参与度

在第二课堂成绩单项目供给实施管理的过程中，对制度理解不足是一

个普遍存在的问题。由于第二课堂成绩单项目是一个相对新兴的概念，许多参与者对其内涵、目的、实施方式等方面缺乏深入的理解和认识，导致在项目实施过程中存在偏差和误解，进而影响实施效果与参与度。

对制度理解不足可能导致项目目标的偏离。第二课堂成绩单项目的核心目标是促进学生的全面发展，提高学生的综合素质。然而，如果参与者对制度的理解仅限于表面，没有深入理解其背后的教育理念和教育目标，就可能在项目实施过程中过分追求表面的成绩和形式，而忽视了对学生实际能力的培养和提高。这种目标偏离不仅无法达到预期的教育效果，而且可能引发学生的反感和抵触情绪。对制度理解不足还可能影响学生的参与度。第二课堂成绩单项目的成功实施离不开学生的积极参与和投入。然而，如果学生对制度的理解不足，就可能对项目的重要性和价值产生怀疑，从而缺乏参与的动力和兴趣。此外，对制度理解不足还可能导致学生在参与过程中存在困惑和迷茫，无法充分发挥自己的潜力和能力。

2. 重视程度不够，制约项目实施与资源投入

在第二课堂成绩单项目供给实施管理的过程中，重视程度不够是另一个不容忽视的问题。重视程度不够可能源于多个方面，如管理层对项目的认识不足、教育资源分配的不均衡等，这些问题都可能导致项目在实施过程中受到制约，无法充分发挥其应有的作用。

管理层对项目的重视程度不够可能直接影响项目的实施效果。如果管理层对第二课堂成绩单项目缺乏深入的了解和认识，就可能无法充分认识到项目的重要性和价值，从而在项目规划、资源分配、人员配置等方面缺乏足够的支持和投入。这种支持不足可能导致项目在实施过程中面临各种困难和挑战，如资金短缺、人员不足、设备落后等，进而影响项目的实施效果和质量。教育资源分配的不均衡也可能制约第二课堂成绩单项目的实施。在当前的高等教育体系中，教育资源分配的不均衡是一个普遍存在的问题。一些高校可能将更多的教育资源投入到传统的第一课堂教学和科研活动中，而忽视了第二课堂成绩单项目的发展需求。这种资源分配的不均衡可能导致项目在实施过程中缺乏必要的支持和保障，还可能引发学生之间的不公平感和不满情绪。

（二）信息化保障不足

1. 系统功能不完善，制约管理效率与质量

第二课堂成绩单项目供给实施管理依赖于一套功能完善的信息系统来支撑，包括活动报名、签到签退、成绩记录、数据分析等多个环节。然而，当前许多高校在实施第二课堂成绩单项目时所采用的信息系统存在功能不完善的问题，严重制约了管理效率与质量。

系统功能不完善可能导致管理流程的烦琐和低效。在第二课堂成绩单项目的实施过程中，涉及大量的信息录入、审核、统计等工作，如果信息系统缺乏自动化、智能化的功能支持，就需要人工进行大量的重复操作，不仅增加了管理人员的工作负担，而且容易出现错误和疏漏。例如，在活动报名环节，如果信息系统无法提供便捷的在线报名渠道，学生就需要通过纸质表格或线下方式进行报名，不仅增加了学生的操作难度，而且加大了管理人员的数据录入工作量。系统功能不完善还可能影响数据的准确性和完整性。第二课堂成绩单项目涉及大量的学生数据和信息，包括学生的基本信息、参与活动的记录、成绩评定等。如果信息系统在数据存储、处理和分析方面存在缺陷，就可能导致数据的丢失、错误或重复，从而影响数据的准确性和完整性，不仅会影响第二课堂成绩单项目的公正性和可信度，而且可能对学生的学业评价和发展规划产生不良影响。

2. 数据交互共享困难，制约资源整合与协同

第二课堂成绩单项目供给实施管理不仅涉及到单个高校内部的管理流程和数据处理，而且需要与其他高校、教育部门乃至社会各界进行数据交互和共享，然而，当前第二课堂成绩单项目在数据交互共享方面存在显著困难，严重制约了资源整合与协同。

数据交互共享困难可能导致信息孤岛的形成，由于各高校在实施第二课堂成绩单项目时所采用的信息系统、数据标准、管理流程等方面存在差异，导致数据难以实现跨校、跨部门的交互和共享，不仅使得各高校在第二课堂成绩单项目的实施过程中无法充分借鉴与利用其他高校的经验和资源，而且可能导致学生在不同高校之间参与第二课堂活动时面临数据不互通、成绩不互认的问题，从而影响了学生的积极性和参与度。数据交互共

享困难还可能制约资源整合与协同，第二课堂成绩单项目旨在通过整合校内外资源，为学生提供多样化的学习和成长机会。然而，如果数据交互共享存在困难，就可能导致各高校在资源整合与协同方面存在障碍。例如，在组织学生参与社会实践活动时，如果各高校之间无法实现数据的交互和共享，就可能导致活动资源的重复投入和浪费，也无法充分发挥各高校在资源、专业、地域等方面的优势，实现资源的优化配置和高效利用。

三、第二课堂成绩单项目供给学生参与与反馈的主要问题

（一）参与度不高

1. 与学生兴趣、需求不匹配，影响参与意愿与动力

第二课堂成绩单项目的核心在于为学生提供多样化、个性化的学习和发展机会，以满足其不同的兴趣和需求。然而，在实际操作中，往往存在学生兴趣与需求不匹配的问题，这成为制约学生参与度的关键因素之一。

活动内容与形式单一，难以满足学生多样化需求。当前，一些高校在设计和实施第二课堂成绩单项目时过于注重形式上的统一和规范，而忽视了学生需求的多样性和个性化，导致活动内容和形式相对单一，缺乏创新性和吸引力，难以激发学生的参与意愿和动力。例如，一些社会实践活动、学术讲座等，可能因内容陈旧、形式呆板而难以引起学生的兴趣。活动设置与学生实际需求脱节。第二课堂成绩单项目的活动应该紧密围绕学生的实际需求进行设置，然而，在实际操作中往往存在活动设置与学生实际需求脱节的情况。这可能是因为高校在设计和实施活动时，缺乏对学生需求的深入调查和了解，或者是因为活动设计者对学生的兴趣和需求存在误解，导致学生对活动缺乏兴趣和认同感，从而降低了参与度。

2. 活动宣传不到位，制约学生知晓度与参与机会

有效的活动宣传是吸引学生参与第二课堂成绩单项目的重要途径，然而，当前许多高校在活动宣传方面存在不到位的问题，严重制约了学生的知晓度和参与机会。当前，一些高校在宣传第二课堂成绩单项目时，主要依赖于传统的宣传渠道，如海报、横幅、校园广播等。这些渠道虽然具有

一定的宣传效果，但是难以覆盖到所有学生。特别是对于一些性格内向、不善于社交的学生来说，他们可能更难以通过这些渠道获取到活动的相关信息。

在活动宣传过程中，宣传内容的质量和吸引力也是影响学生参与度的重要因素。然而，当前一些高校在宣传第二课堂成绩单项目时，往往只是简单地罗列活动名称、时间、地点等基本信息，缺乏对活动亮点、特色、价值等方面的深入挖掘和展示，导致宣传内容缺乏吸引力，难以引起学生的关注和兴趣。此外，宣传时机选择不当也可能影响学生的参与度，如果宣传时机选择在学生课业繁忙、考试压力大的时期，或者与学生的学习、生活节奏不协调，就可能导致学生因时间冲突而无法参与活动。

（二）反馈机制不完善

1. 学生反馈渠道不畅，影响意见表达与问题反映

在第二课堂成绩单项目的实施过程中，学生作为项目的直接参与者，其意见和反馈对于项目的改进与优化具有重要作用。然而，当前许多高校在第二课堂成绩单项目的反馈机制上存在学生反馈渠道不畅的问题，严重制约了学生意见的表达与问题的反映。目前，许多高校仍依赖于传统的反馈渠道，如意见箱、座谈会等，收集学生的反馈意见。然而，这些渠道往往存在反馈周期长、处理效率低、信息易丢失等问题，难以满足学生及时、准确反馈需求的要求。此外，这些渠道往往缺乏互动性和匿名性，导致学生在表达意见时可能有所顾虑，影响反馈的真实性和全面性。

随着信息技术的发展，许多高校开始尝试建立在线反馈平台来收集学生的反馈意见。然而，这些平台往往存在功能不完善、操作复杂、界面不友好等问题，导致学生使用体验不佳，降低了反馈的积极性和有效性。例如，一些平台可能缺乏清晰的分类和标签系统，使得学生在提交反馈时难以找到合适的类别；或者平台可能缺乏实时互动功能，导致学生的反馈无法得到及时回应和解答。

2. 反馈处理不及时，削弱学生参与积极性与信任感

除了反馈渠道不畅外，第二课堂成绩单项目供给在实施过程中还面临着反馈处理不及时的问题，不仅影响了学生对项目的满意度和信任感，而且可能削弱学生参与项目的积极性和热情。当前，许多高校在处理学生反馈时，往往存在处理周期长、流程烦琐、缺乏透明度等问题，导致学生提交反馈后需要等待较长时间才能得到回应和处理结果，甚至有时会出现反馈被忽视或遗漏的情况。这种不及时的反馈处理不仅降低了学生的满意度和信任感，而且可能引发学生的不满和抱怨情绪。

即使高校能够及时处理学生的反馈意见，但在反馈处理结果的反馈上也可能存在不及时或缺乏针对性的问题。例如，一些高校可能在处理完学生反馈后，未能及时将处理结果告知学生或告知方式不当；或者处理结果可能过于笼统或缺乏针对性，未能有效解决学生提出的问题或改进项目的不足之处。这种不及时的反馈处理结果反馈不仅削弱了学生对项目的参与积极性和信任感，而且可能影响项目的持续改进和优化。

第五节　第二课堂成绩单课程项目供给体系建设策略

一、第二课堂成绩单课程项目供给策略

（一）系统建设课程

1. 依托组织育人载体和实践育人载体

在第二课堂成绩单课程项目供给策略中，依托组织育人载体和实践育人载体是构建系统化、科学化课程体系的关键环节。组织育人载体主要包括青年大学习、"三会两制一课"、主题团日、团校教育等。这些载体通过系统的理论学习和组织生活，提高学生的思想政治素养，增强学生的社会责任感。实践育人载体涵盖社会实践、志愿服务、社区报到、社团活动等，这些载体通过实际操作和亲身体验，提高学生的实践能力和创新精神。

依托组织育人载体可以确保第二课堂课程项目具有坚实的理论基础和思想引领。例如，通过青年大学习，学生可以系统地学习党的基本理论、基本路线、基本方略，增强"四个自信"，坚定理想信念。通过团校教育，学生可以深入了解共青团的历史使命和时代责任，加强组织观念和

集体意识。这些载体为第二课堂课程项目提供了丰富的理论资源和思想支撑，有助于培养学生的思想政治素养和社会责任感。实践育人载体是第二课堂课程项目实现知行合一、理论与实践相结合的重要途径。社会实践可以让学生走出校园，深入社会，了解国情、民情，增强社会责任感和使命感。志愿服务可以培养学生的奉献精神和公民意识，通过帮助他人实现自我价值。社团活动为学生提供了展示自我、发展特长的平台，有助于培养学生的团队协作能力和创新精神。

2. 构建涵盖多种类型的第二课堂课程项目

在第二课堂成绩单制度中，构建涵盖多种类型的课程项目是实现全方位育人的重要手段。这些课程项目应涵盖实践实习、志愿公益、创新创业、文体活动、工作履历、技能特长等多个方面，以满足学生多样化、个性化的发展需求。

实践实习类课程项目注重通过实际操作和亲身体验，提高学生的实践能力和职业素养。例如，可以与企业合作开设"专业实习""社会实践"等课程项目，让学生在真实的工作环境中锻炼能力、积累经验。志愿公益类课程项目旨在培养学生的社会责任感和奉献精神。例如，可以开设"志愿服务进社区""环保公益行动"等课程项目，引导学生积极参与社会公益活动，为社会作出贡献。创新创业类课程项目注重培养学生的创新思维和创业能力。例如，可以开设"创新创业大赛""创业实践"等课程项目，鼓励学生发挥创意、勇于实践，为未来的职业生涯打下坚实的基础。文体活动、工作履历、技能特长等类型的课程项目分别侧重提高学生的身体素质、组织协调能力、专业技能等方面，以实现学生全面发展的目标。

3. 探索构建以专业为基本单元的课程项目体系

在第二课堂成绩单课程项目供给策略中，探索构建以专业为基本单元的课程项目体系是实现第一课堂与第二课堂互动互融、互补互促的重要途径。这种体系将第二课堂课程项目与学生的专业学习紧密结合，既有助于提高学生的专业素养，又有助于培养学生的实践能力和创新精神。

以专业为基本单元的课程项目体系可以围绕学生的专业特点和行业需求进行设计与开发。例如，对于环境科学与工程学院的学生，可以开设

"环保知识宣讲""漓江水质监测"等课程项目，让学生将所学知识应用于实际环境保护工作中；对于商学院的学生，可以开设"金融精英挑战赛""房地产策划大赛"等课程项目，提高学生的商业素养和创新创业能力。这种体系的建设还需要注重课程项目的跨学科融合和综合性设计。通过跨学科融合，可以拓宽学生的知识视野，提高学生的综合素质。例如，可以开设"艺术与科技融合创新"等课程项目，让学生将艺术设计与科技应用相结合，创造出具有创新性的作品。通过综合性设计，可以提高学生的综合应用能力和解决问题的能力。例如，可以开设"社会实践与调研报告撰写"等课程项目，让学生在实践中发现问题、分析问题、解决问题。

此外，以专业为基本单元的课程项目体系还需要注重课程项目的动态调整和优化。随着行业发展和学生需求的变化，课程项目应及时进行调整和优化，以保持其时效性和针对性。同时，还需要建立课程项目的质量监测和评估机制，定期对课程项目的实施效果进行评估和反馈，以确保课程项目的高质量供给。

（二）严格课程审查制度

1. 建立严格的审查制度

课程审查制度应涵盖课程项目申报、初审、复审、终审等多个环节，每个环节都应有明确的标准和要求，确保课程项目在立项之初就具备科学性和可行性。

课程项目申报环节应要求申报单位或个人提交详细的申报材料，包括课程项目名称、项目类别、育人目标、项目方案、学分标准等信息。这些信息是后续审查的重要依据，也是确保课程项目质量的前提。初审环节应由学院和相关职能部门作为课程项目的主办单位或指导单位负责，主要对课程项目的规范性、完整性进行审查，确保课程项目符合学校的基本要求和标准。复审环节由专门工作委员会作为评审专家负责，主要对课程项目的思想性、实践性和科学性进行审查，确保课程项目具有教育意义和实践价值。终审环节由校团委作为课程项目体系建设主责单位负责，主要对课程项目的运行情况、建设质量等进行审查，确保课程项目能够在实践中有效实施并取得预期效果。

在整个审查流程中，应坚持"谁审核，谁负责"的原则，明确各级审查主体的责任和义务，确保审查工作的公正性和有效性。同时，还应建立审查结果的反馈机制，及时将审查结果通知申报单位或个人，并对未通过审查的课程项目提出改进意见和建议。

2. 加强准入评估和过程管理

在严格课程审查制度中，加强准入评估和过程管理是保证课程项目质量的关键措施。这一措施旨在通过科学评估和管理手段，确保课程项目在实施过程中能够始终保持高质量和高水平。

在准入评估方面，应建立科学合理的评估标准和指标体系。这些标准和指标应涵盖课程项目的设计思路、教学内容、教学方法、预期效果等多个方面，确保课程项目在立项之初就具备科学性和可行性；还应注重课程项目的创新性和特色性，鼓励申报单位或个人开发具有独特优势和价值的课程项目。在过程管理方面，应建立课程项目质量监测和评估体系。这一体系应涵盖课程项目的实施过程、学生反馈、教学效果等多个方面，通过定期监测和评估，及时发现和解决课程项目实施过程中存在的问题与不足；还应建立课程项目质量改进机制，对未达标的课程项目及时进行整改和优化，确保课程项目能够始终保持高质量和高水平。此外，在过程管理中还应注重课程项目的动态调整和优化。随着教育环境和学生需求的变化，课程项目应及时进行调整和优化，以适应新的教育形势和学生需求。在这一过程中，应充分发挥专家、教师、学生等多方面的作用，广泛征集意见和建议，为课程项目的动态调整和优化提供有力的支持。

（三）健全动态管理机制

1. 构建监测评估体系

构建科学合理的监测评估体系是健全动态管理机制的基础。这一体系应涵盖课程项目的各个方面，包括课程设计、实施过程、学生参与度、教学效果等，以确保评估的全面性和准确性。

在课程设计方面，监测评估体系应关注课程目标的明确性、内容的科学性、结构的合理性，以及与创新创业、社会实践等领域的融合度，通过评估，可以及时发现课程设计中的不足，为后续的改进提供方向。在实施过程方面，监测评估体系应重点考查课程项目的组织管理、教学资源配置、教学方法创新、学生参与度等情况，通过实时监测和反馈，可以及时调整教学策略，确保课程项目的顺利实施。学生参与度是评估课程项目效果的重要指标之一，监测评估体系应关注学生参与课程项目的积极性、主动性、满意度等方面，以反映课程项目对学生的吸引力和影响力。教学效果是评估课程项目质量的最终标准，监测评估体系应通过问卷调查、学生评价、教师反馈等多种方式，收集和分析教学效果数据，为课程项目的持续改进提供依据。

2. 定期开展质量监测和评估工作

在构建监测评估体系的基础上，定期开展质量监测和评估工作是健全动态管理机制的关键环节。这一工作应遵循科学、公正、客观的原则，确保评估结果的准确性和可信度。

定期开展质量监测可以及时发现课程项目在实施过程中存在的问题和不足，通过监测数据的收集和分析，可以了解课程项目的运行状况，发现潜在的风险和挑战，为后续的改进提供有力的支持。评估工作是对课程项目质量进行全面、系统评价的过程。在评估过程中，应充分考虑课程项目的特点和目标，采用合适的评估方法和工具，对课程项目的各个方面进行深入的分析和评价。评估结果应作为课程项目改进和优化的重要依据，为后续的课程设计、实施和管理提供指导。

在开展质量监测和评估工作的过程中，还应注重反馈机制的建立。通过及时反馈评估结果和建议，可以促使课程项目负责人和相关人员及时了解课程项目的优点与不足，明确改进方向和目标。同时，反馈机制还可以促进课程项目之间的交流和合作，推动第二课堂成绩单课程项目的整体发展。此外，为了确保质量监测和评估工作的有效性、持续性，还应建立相应的激励机制和保障措施。通过设立奖励机制、提供经费支持、加强人员培训等方式，可以激发课程项目负责人的积极性和创造性，推动课程项目的不断优化和创新。同时，还应加强对质量监测和评估工作的监督与指导，确保其规范、有序地进行。

二、数据管理体系构建策略

（一）健全数据管理功能

1. 数据资源整合与共享

数据资源整合与共享是健全数据管理功能的基础。第二课堂成绩单课程数据涉及学生参与度、课程效果、活动组织等多个方面，这些数据分散于不同部门和系统中，若不能实现有效整合与共享，将严重制约数据管理体系的效能，因此应建立统一的数据标准和规范，通过制定数据编码规则、数据格式标准、数据交换协议等，确保各部门、各系统间数据的一致性和可比性，有助于实现数据的无缝对接和高效共享。

构建统一的数据平台或系统。该平台应具备数据采集、存储、处理、分析、展示等功能，能够整合来自不同部门和系统的数据资源，通过集中管理和统一访问，增强数据的可用性和易用性，降低数据管理的复杂度和成本。此外，还应建立数据共享机制，明确数据共享的范围、权限、流程等，确保各部门、各系统间数据的有序流动和合理利用。在保护数据隐私和安全的前提下，实现数据的最大化共享，促进数据的交叉验证和综合分析，为课程项目的决策提供有力的支持。

2. 提高数据处理与分析能力

数据处理与分析能力的提高是健全数据管理功能的核心。第二课堂成绩单课程数据具有海量、复杂、动态等特点，若不能实现高效、准确的数据处理与分析，将难以发挥数据在课程项目管理中的作用，因此应引入先进的数据处理技术，利用大数据、人工智能、云计算等现代信息技术，提高数据的采集、存储、处理、分析速度，降低数据处理的时延和成本。例如，可以采用分布式数据库、并行计算等技术手段，提高数据的并发处理能力，增强数据的可扩展性；利用机器学习、深度学习等算法，实现数据的智能化分析和预测。

根据第二课堂成绩单课程项目的特点和需求，建立合适的数据分析模型，对数据进行深度挖掘和关联分析，通过揭示数据背后的规律和趋势，为课程项目的优化和改进提供科学依据。例如，可以分析学生参与度的变化趋势，找出影响学生参与度的关键因素；评估课程效果与学生成长之间的关系，为课程设计提供反馈和指导。此外，还应建立数据分析结果的反馈机制，将数据分析结果及时反馈给相关部门和人员，促进数据在课程项目管理中的实际应用，鼓励各部门、各系统之间开展数据交流和合作，共同挖掘数据的潜在价值，推动第二课堂成绩单课程数据管理体系的不断完善和发展。在提高数据处理与分析能力的过程中，还应注重数据安全与隐私保护，建立健全的数据安全管理制度和措施，确保数据的完整性、保密性和可用性。加强对数据访问、传输、存储等环节的监控和管理，防止数据泄露、篡改和滥用等风险的发生，加强对数据管理人员的培训和教育，提升其数据安全意识与操作技能，确保数据管理体系的安全稳定运行。

（二）保障数据信息安全

1. 数据加密与访问控制

数据加密与访问控制是保障数据信息安全的基础。在第二课堂成绩单课程数据管理体系中，通过实施数据加密和严格的访问控制策略，可以有效防止数据泄露和非法访问。数据加密是保护数据安全的重要手段之一。通过采用先进的加密算法，对敏感数据进行加密处理，确保数据在存储和传输过程中的安全性。即使数据被窃取，没有正确的密钥也无法解读其真实内容。在第二课堂成绩单课程数据管理体系中，应对学生个人信息、课程成绩、活动记录等敏感数据进行加密处理，确保数据在存储和传输过程中的安全性。

访问控制是防止数据泄露和非法访问的关键。通过实施基于角色的访问控制等策略，根据用户在组织中的角色和职责分配不同的权限。例如，只有授权的教职员工才能访问学生的个人信息和课程成绩；学生只能查看自己的成绩单和活动记录。同时，还应建立多因素身份验证等机制，增强用户身份验证的安全性，防止未经授权的访问。此外，还应定期对数据加密密钥和访问控制策略进行更新与审查。随着技术的发展和威胁的变化，数据加密算法和访问控制策略可能不再安全。因此，应定期评估数据加密密钥的强度和访问控制策略的有效性，并根据需要进行更新和审查，确保数据信息安全性的持续增强。

2. 数据安全审计与监控

数据安全审计与监控是保障数据信息安全的重要手段。通过实施数据安全审计和监控措施，可以及时发现和应对数据安全问题，确保数据信息安全性的持续维护。数据安全审计是对数据安全事件进行记录、分析和报告的过程。通过定期对数据的访问、使用和修改等情况进行审计，可以及时发现和应对数据安全事件。例如，可以发现未经授权的访问、数据泄露、数据篡改等安全问题，并采取相应的措施进行处理。

数据监控软件可以实时监测数据的活动情况，当发现异常情况时，及时发出警报，以便管理员采取相应的措施进行处理。例如，可以监测数据访问的频率、来源、时间等，当发现异常访问时，及时发出警报并阻止访问。在第二课堂成绩单课程数据管理体系中，应安装数据监控软件，对数据的访问、使用、修改等情况进行实时监测，确保数据信息安全性的持续增强。此外，还应定期对数据信息安全进行风险评估和演练，通过风险评估，可以发现潜在的数据安全威胁和漏洞，并采取相应的措施进行防范。通过演练，可以检验数据安全应急响应计划的可行性和有效性，提高应对数据安全事件的能力。在第二课堂成绩单课程数据管理体系中，应定期对数据信息安全进行风险评估和演练，确保数据信息安全性的持续增强。

（三）强化数据分析使用

1. 数据预处理与质量控制

数据预处理与质量控制是强化数据分析使用的前提和基础。第二课堂成绩单课程数据往往存在不完整、不一致、不准确等问题，这些问题会严重影响数据分析的准确性和可靠性。因此，在数据分析之前，必须进行数据预处理与质量控制，确保数据的准确性和一致性。

数据清洗是指通过删除重复数据、填充缺失值、纠正错误数据等手段，提升数据的质量，增强数据的可用性。在第二课堂成绩单课程数据管理体系中，应对学生的个人信息、课程成绩、活动记录等数据进行清洗，确保数据的准确性和一致性。数据集成是指将来自不同数据源的数据整合到一起，形成一个统一的数据视图。在第二课堂成绩单课程数据管理体系中，应将来自不同部门、不同系统的数据进行集成，形成一个全面的数据仓库，为数据分析提供统一的数据源。此外，还应进行数据变换与规约。数据变换是指通过转换、聚合等手段，将数据转换成适合分析的形式。数据规约是指通过降维、采样等手段，降低数据的规模和复杂度，提高数据分析的效率。在第二课堂成绩单课程数据管理体系中，应对数据进行适当的变换与规约，以便进行更深入的数据分析。

2. 多维度数据分析与挖掘

多维度数据分析与挖掘是强化数据分析使用的核心。通过多维度数据分析与挖掘，可以揭示学生行为模式、评估课程效果、预测教育趋势，为教育管理者提供有力的决策支持。

描述性统计分析是指通过计算数据的均值、标准差、中位数、众数等指标，描述数据的特征和分布情况。在第二课堂成绩单课程数据管理体系中，应对学生的个人信息、课程成绩、活动记录等数据进行描述性统计分析，了解数据的总体特征和分布情况。关联规则挖掘是指发现数据项之间有趣的关联或相关性。在第二课堂成绩单课程数据管理体系中，可以通过关联规则挖掘，发现学生选课行为、活动参与行为与课程成绩之间的关系，为课程设计和活动组织提供科学依据。此外，还应进行聚类分析与分类预测。聚类分析是指将数据分成若干组，每组内的数据相似性较高，组间数据相似性较低。分类预测是指根据已知数据的特征，预测未知数据的类别。在第二课堂成绩单课程数据管理体系中，可以通过聚类分析，将学生分成不同的群体，了解不同群体的学习特点和需求；通过分类预测，可以预测学生的学习成绩、活动参与度等指标，为教育管理者提供预警和指导。

在强化数据分析使用的过程中，还应注重数据可视化与报告生成。通过数据可视化技术，可以将复杂的数据以直观、易懂的方式呈现出来，帮助教育管理者更好地理解数据和分析结果。通过报告生成技术，可以将数据分析的结果以结构化的方式呈现出来，为教育管理者提供详细的决策支持。

第四章　高校第二课堂成绩单制度的管理与运行机制

第一节　第二课堂成绩单的管理体系

一、高校第二课堂成绩单管理体系概述

（一）高校第二课堂成绩单管理体系的目标

1. 促进学生全面发展，提高综合素质

高校第二课堂成绩单管理体系的首要目标是促进学生的个性化与多元化发展。通过第二课堂成绩单管理体系，高校可以为学生提供更加多样化、个性化的课程和活动选择，如创新创业、社会实践、志愿服务、文体活动等，以满足学生不同的发展需求和兴趣。第二课堂成绩单管理体系不仅关注学生的学术成绩，而且重视其综合素质的提高。通过参与各类第二课堂活动，学生可以在实践中锻炼自己的组织能力、沟通能力、团队协作能力等，同时培养社会责任感、创新精神和实践能力。为了确保学生在第二课堂中的学习成果得到认可，管理体系需要建立科学、合理的记录与认证机制。通过学分认定、积分记录等方式，对学生的参与情况、表现质量、成果产出等进行全面、客观的评价和记录。这种机制不仅有助于激励学生更加积极地参与到第二课堂活动中，而且为其未来的升学、就业等提供了有力的支持。

2. 推动高等教育教学改革，提升教学质量

第二课堂成绩单管理体系的实施有助于推动高等教育教学模式的创新。通过引入多样化的课程和活动，打破传统课堂教学的局限，实现理论

与实践的有机结合，这种教学模式的创新不仅可以提升学生的学习兴趣，增强学生学习的积极性，而且有助于培养学生的创新思维和实践能力。管理体系的建立为高等教育教学质量的评估与反馈提供了有力的支持。通过对学生在第二课堂中的学习成果进行记录和评价，可以更加全面、客观地反映教学质量和学生的学习效果。同时，通过收集学生的反馈意见和建议，可以及时调整和优化教学内容和方式，提升教学质量。第二课堂成绩单管理体系有助于促进教育资源的共享与优化。通过整合校内外各类教育资源，为学生提供更加丰富、优质的课程和活动选择，对学生学习成果的评价和反馈，可以引导教育资源的优化配置，提高资源利用效率。

3. 提高社会服务能力，促进校内外合作

高校第二课堂成绩单管理体系的建立有助于拓展其社会服务功能。通过引导学生参与各类社会实践活动和志愿服务项目，可以增强学生的社会责任感，提高实践能力，同时为社会提供有益的服务和支持，有助于提升高校的社会影响力和美誉度。管理体系的建立为高校与校外机构、企业等开展合作与交流提供了有力的支持。通过共同设计和实施第二课堂项目，可以加强校内外资源的共享与互补，促进产学研用深度融合。同时，通过与校外机构的合作与交流，可以为学生提供更加广阔的实践平台和就业机会。第二课堂成绩单管理体系的实施有助于提升学生的社会认可度和就业竞争力。通过参与各类第二课堂活动并取得优异成绩，学生可以在求职过程中展示自己的综合素质和实践能力。

（二）高校第二课堂成绩单管理体系的原则

1. 以学生为中心，促进全面发展

以学生为中心的原则强调尊重学生的个性差异和发展需求。第二课堂成绩单管理体系应提供多样化的课程和活动选择，以满足不同学生的兴趣和潜能。通过个性化的课程设计和灵活的学分认定机制，鼓励学生根据自己的兴趣和职业规划选择适合自己的课程与活动，促进其全面而有个性地发展。该原则强调对学生综合素质的全面评价。除了传统的学术成绩外，第二课堂成绩单管理体系还应关注学生的道德品质、创新能力、实践能力、团队协作能力、社会责任感等综合素质的评价。通过建立科学合理的评价体系，全面反映学生在第二课堂中的学习成果和成长过程，为其未来发展提供有力的支持。以学生为中心的原则还体现在激励与引导并重上。通过设立奖励机制、提供实践机会和职业发展指导等方式，激发学生的内在动力和学习兴趣。同时，通过引导学生树立正确的价值观、培养良好的学习习惯和职业素养，促进其全面发展和终身成长。

2. 科学性与规范性相结合

科学性与规范性相结合的原则要求第二课堂成绩单管理体系的课程体系应基于科学的教育理论和实践需求进行构建。课程体系应具有明确的教育目标、合理的课程结构和丰富多样的课程内容，以满足不同学生的学习需求和发展阶段。课程内容应紧跟时代步伐，反映社会需求和行业发展趋势。该原则强调评价标准的客观性和公正性。第二课堂成绩单管理体系应建立科学、合理的评价标准和方法，确保评价结果的客观性和公正性。评价标准应基于学生的学习成果和成长过程，综合考虑课程难度、学习投入、成果质量等因素。评价过程应公开透明，接受学生和社会各界的监督。科学性与规范性相结合的原则还体现在管理流程的规范化操作上。第二课堂成绩单管理体系应建立规范、高效的管理流程，包括课程申报与审批、学分认定与记录、评价反馈与改进等环节。管理流程应明确职责分工、优化工作流程、提高工作效率，确保管理体系的顺畅运行和持续改进。

3. 开放性与创新性并重

开放性与创新性并重的原则要求第二课堂成绩单管理体系应具有开放性和包容性，通过整合校内外优质课程资源，实现课程资源的开放共享和优势互补，鼓励学生参与课程设计和开发过程，激发其创新思维和实践能力。该原则强调评价机制的创新探索。第二课堂成绩单管理体系应积极探索多元化的评价机制，如项目式学习、同伴评价、自我反思等，以更加全面、深入地评价学生的学习成果和成长过程。开放性与创新性并重的原则还体现在管理模式的持续改进上。第二课堂成绩单管理体系应建立持续改进机制，定期收集学生、教师和管理人员的反馈意见与建议，对管理体系进行不断优化和改进。同时，关注国内外先进的教育理念和实践经验，积极借鉴与引入创新的管理模式和方法，推动管理体系的不断发展和完善。

二、高校第二课堂成绩单管理体系的关键要素分析

（一）课程项目体系的设计与实施

1. 课程模块的划分与整合

课程模块的划分与整合是课程项目体系设计的基础，其目的在于构建一个既全面又系统的课程体系，以满足学生多元化、个性化的学习需求。在课程模块的划分上，应根据高校的人才培养目标和社会需求，将课程项目体系划分为多个维度，如思想政治教育、社会实践、志愿服务、创新创业、文化艺术、身心健康、职业技能等。每个维度下又可进一步细分为若干子模块，如思想政治教育模块下可细分为理想信念教育、道德情操培养、法治观念教育等子模块。这样的划分既体现了课程内容的多样性，又保证了课程体系的系统性和完整性。

在课程模块的整合上，应注重模块间的协同作用，实现课程内容的交叉融合和相互促进。例如，可以将思想政治教育模块与社会实践模块相结合，通过社会实践活动加深学生对思想政治理论的理解和认同；将创新创业模块与职业技能模块相结合，通过创新创业项目提升学生的职业技能和就业竞争力。此外，还可以通过建立跨模块课程项目、举办跨学科讲座等方式，促进不同模块之间的交流与合作，实现课程资源的共享和优化配置。

2. 课程内容的创新与更新

课程内容的创新与更新是课程项目体系实施的关键，其目的在于保持课程的时效性和吸引力，激发学生的学习兴趣和参与度。在课程内容的创新上，应紧跟时代步伐，融入新元素、新理念、新技术。例如，在创新创业教育模块中，可以引入最新的创业理念、商业模式和成功案例，激发学生的创业热情和创新意识；在文化艺术模块中，可以引入现代艺术、数字艺术等新型艺术形式，拓宽学生的艺术视野，提高学生的审美能力。此外，还可以利用虚拟现实、人工智能等现代技术手段，丰富课程内容的表现形式，增强课程的互动性和趣味性。

在课程内容的更新上，应建立定期评估与更新机制，确保课程内容始终与时代发展同步。高校可以组织专家团队对课程内容进行定期评估，及

时剔除过时、陈旧的内容，补充新的知识点和案例。同时，还可以鼓励学生和教师积极参与课程内容的更新工作，通过提交课程改进建议、参与课程开发等方式，促进课程内容的持续优化和升级。

3. 课程评价的标准与方法

课程评价的标准与方法是课程项目体系实施的保障，其目的在于确保课程质量的有效提升，促进学生的全面发展。在课程评价的标准上，应采用多维度评价方式，综合考虑学生的学习成果、学习态度、创新能力、实践能力等多个方面。例如，在思想政治教育模块中，可以通过考试、论文、小组讨论等方式评价学生对思想政治理论的理解和掌握程度；在社会实践模块中，可以通过实践报告、社会实践成果展示等方式评价学生的实践能力和社会责任感。此外，还可以引入学生自评、互评等评价方式，增强评价的客观性和全面性。

在课程评价的方法上，应采用灵活多样的评价方式，以适应不同模块和不同课程项目的特点。例如，在创新创业教育模块中，可以采用项目式学习、案例分析等评价方式，注重对学生创新思维和实践能力的培养；在文化艺术模块中，可以采用作品展示、艺术表演等评价方式，注重对学生艺术素养和审美能力的培养。此外，还可以利用现代信息技术手段，如在线测试、大数据分析等，提高评价的效率，增强评价的准确性。

（二）记录评价体系的构建与优化

1. 记录方式的多样性与准确性

记录方式的多样性与准确性是构建有效记录评价体系的基础，关系到数据的全面性和可信度，直接影响到评价结果的准确性和可靠性。在记录方式上，应采用多样化的手段，以全面、准确地记录学生在第二课堂活动中的表现和成果。除了传统的纸质记录外，还可以利用现代信息技术手段，如网络管理系统、移动应用程序等，实现数据的实时采集和存储。例如，通过到梦空间（共青团"第二课堂成绩单"网络管理系统）等平台，学生可以记录参与第二课堂活动的详细信息，包括活动名称、时间、地点、参与角色、成果展示等；系统则可以自动生成相应的记录报告，方便后续的评价和认证。这种多样化的记录方式不仅能够提高数据采集的效率，增强数据采集的准确性，而且能够增强数据的可追溯性和可信度。

在记录数据的过程中，应确保数据的准确性和可靠性。为此，可以建立一套严格的数据审核机制，对记录的数据进行定期检查和核实。例如，可以设立专门的数据审核小组，负责对记录的数据进行抽查和比对，确保数据的真实性和一致性。同时，还可以利用数据分析工具，对记录的数据进行统计和分析，及时发现并纠正数据中的错误和异常值，增强数据的准确性和可靠性。

2. 评价体系的公正性与透明度

评价体系的公正性与透明度是构建有效记录评价体系的关键，关系到评价的公信力和认可度，直接影响到学生对评价结果的接受程度和参与度。在评价体系的构建上，应坚持公正、客观的原则，确保评价结果的公平性和准确性。为此，可以建立一套科学的评价指标体系，明确评价指标的内涵和权重，确保评价指标的针对性和有效性。例如，在评价学生的创新创业能力时，可以设立创新项目数量、项目获奖情况、项目成果转化等多个评价指标，并根据实际情况确定各指标的权重，以确保评价结果的全面性和准确性。同时，还可以采用多元化的评价方法，如专家评审、同行评价、学生自评等，以增强评价的公正性和可信度。

在评价过程中，应增强评价的透明度，让学生充分了解评价的标准和流程，增强其对评价结果的信任感和认可度。为此，可以建立一套公开、透明的评价机制，将评价标准、评价流程、评价结果等信息及时向学生公布，并接受学生的监督和反馈。例如，在评价学生的社会实践成果时，可以将评价标准和流程提前告知学生，让学生明确自己的目标和方向；在评价结果公布后，可以设立专门的反馈渠道，接受学生的质疑和建议，及时对评价结果进行调整和优化。

3. 反馈机制的建立与完善

反馈机制的建立与完善是构建有效记录评价体系的保障，关系到评价的持续改进和优化，直接影响到评价体系的长期效果和可持续发展。在评价过程中，应建立及时反馈机制，让学生在第一时间了解自己的评价结果和不足之处，以便及时调整和改进。为此，可以建立一套高效的信息反馈系统，将评价结果及时反馈给学生，并附上详细的评价报告和改进建议。例如，在评价学生的文艺作品时，可以在作品提交后的一周内将评价结果和反馈意见发送给学生，让学生及时了解自己的作品质量和改进方向。

在评价结束后，应完善持续改进机制，对评价体系进行全面、系统的反思和总结，以便不断优化评价标准和流程，提升评价的质量和效果。为此，可以建立一套定期评价反思机制，组织专家、教师和学生代表对评价体系进行定期反思与总结，发现存在的问题和不足之处，并提出改进建议和措施。同时，还可以利用数据分析工具，对评价数据进行深入挖掘和分析，发现潜在的规律和趋势，为评价体系的持续改进和优化提供科学依据与参考。

（三）数据管理体系的建设与运维

1. 数据管理系统的选择与定制

数据管理系统作为数据管理体系的核心，其选择与定制直接影响到数据处理效率、系统稳定性、用户体验。一个高效的数据管理系统不仅能够满足当前的需求，而且应具备良好的扩展性和可定制性，以适应未来的发展和变化。

在选择数据管理系统时，高校应综合考虑系统的稳定性、可扩展性、易用性、成本效益等因素。稳定性是确保系统正常运行和数据安全的基础；可扩展性允许系统根据实际需求进行功能扩展和性能提升；易用性关系到用户体验和系统推广的效果；成本效益需要在满足需求的前提下，尽量降低系统的建设和运维成本。例如，可以选择基于云计算的数据管理系统，利用其弹性扩展、高可用性和成本效益等优势，构建灵活高效的数据处理平台。

在选择合适的数据管理系统后，高校还需要根据实际需求进行系统的定制和集成，包括根据第二课堂成绩单管理体系的特点，定制系统的功能模块、界面设计、数据处理流程等，以确保系统能够满足特定的业务需求。同时，还需要将系统与高校现有的教务系统、学生信息系统、财务系统等进行集成，实现数据的共享和交换，提高数据的利用效率，增强数据的准确性。例如，可以将第二课堂成绩单管理系统与到梦空间（共青团

"第二课堂成绩单"网络管理系统）进行集成，实现第二课堂活动的在线报名、签到、评价等功能，提高管理的效率，增强管理的便捷性。

2. 数据的安全性与隐私保护

数据安全与隐私保护是数据管理体系建设中不可或缺的一环。在第二课堂成绩单管理体系中，涉及到学生的个人信息、学习成果、实践经历等敏感数据，一旦泄露或被篡改，将对学生和高校造成不可估量的损失。高校应建立严格的数据安全管理制度，明确数据管理的责任、流程和规范，包括制定数据安全政策、建立数据访问权限管理机制、实施数据加密和备份等措施，以确保数据的机密性和完整性；还应定期对数据进行安全审计和风险评估，及时发现并修复潜在的安全漏洞和隐患。在数据安全管理中，采用先进的安全技术是提升数据保护水平的重要手段，例如，可以使用防火墙、入侵检测系统、安全认证技术等手段，防止外部攻击和非法访问；使用安全审计和日志记录技术，对数据的访问和操作进行记录与监控，以便及时发现和追溯安全事件。

3. 数据的分析与利用

数据分析和利用是数据管理体系的最终目的。通过对第二课堂成绩单数据的深度挖掘和分析，可以发现学生的学习规律、兴趣偏好、能力特长等，为教育决策提供有力的支持，推动学生全面发展。在数据分析中，高校可以采用多种方法和工具，如统计分析、机器学习、数据挖掘等，对第二课堂成绩单数据进行深度挖掘和分析。例如，可以使用统计分析方法，对学生的参与情况、学习成果、实践经历等进行描述性统计和相关性分析；使用机器学习算法，对学生的学习能力和发展潜力进行预测与评估；使用数据挖掘技术，发现学生之间的相似性和差异性，为个性化教学提供依据。

通过对第二课堂成绩单数据的深度挖掘和分析，可以发现数据的多重利用价值。其一，可以为教育决策提供有力的支持。通过对学生的学习成果和实践经历进行分析，可以发现教学中存在的问题和不足，为教学改进和优化提供依据。其二，可以推动学生全面发展。通过对学生的兴趣偏好、能力特长等进行分析，可以发现学生的优势和潜力，为学生提供个性化的学习和发展建议。其三，可以促进高校与社会用人单位的对接。通过对学生的综合素质和实践经历进行分析，可以为社会用人单位提供客观、全面的学生评价，促进高校与社会的有效对接和合作。

第二节　第二课堂成绩单的运行机制

一、高校第二课堂成绩单的组织架构与职责分工

（一）学校层面的管理机构与职责

1. 学校层面的管理机构设置

高校第二课堂成绩单制度的实施需要学校层面的高度重视和统一领导。为此，大多数高校会成立专门的领导小组或指导委员会，作为该制度在学校层面的管理机构。这一机构通常由学校的高层领导担任主任或组长，成员则涵盖教务处、学生工作处、团委、各学院党政负责人等多个相关部门的主要负责人。

领导小组或指导委员会的主要职责包括：

第一，制订与修订制度。根据学校的实际情况和教育目标，负责制订第二课堂成绩单制度的实施方案、细则和具体流程，并根据实施效果和社会需求的变化，适时修订和完善相关制度。

第二，统筹与协调资源。整合校内外各类教育资源，为第二课堂成绩单制度的实施提供必要的物质条件、技术支持和师资保障。同时，协调各部门、各学院之间的关系，确保制度实施的顺畅进行。

第三，监督与评估效果。定期对第二课堂成绩单制度的实施情况进行监督和评估，包括学生的参与度、活动的质量、学分的认定等方面，以确保制度的有效性和公正性。

第四，处理申诉与反馈。建立学生申诉机制，对学生在参与第二课堂活动过程中遇到的疑问或不满进行处理和反馈，维护学生的合法权益。

2. 学校层面管理机构的职责分工

在领导小组或指导委员会下，通常会设立具体的实施办公室或工作小

组，负责第二课堂成绩单制度的日常管理和具体操作。这一机构的职责分工通常包括以下几个方面：

第一，活动规划与发布。根据学校的总体教育目标和第二课堂成绩单制度的要求，制订年度或学期的活动计划，并通过学校官网、微信公众号等渠道向全校师生发布活动信息。

第二，学分认定与记录。建立科学的学分认定机制，对学生在第二课堂活动中取得的成绩和荣誉进行认定与记录，包括制定学分认定标准、审核学生的学分申请、维护学生的学分档案等。

第三，系统维护与管理。负责第二课堂成绩单管理系统的日常维护和管理工作，包括系统的升级、数据的备份与恢复、用户权限的管理等。同时，对系统的使用情况进行监控和分析，及时发现并解决潜在的问题。

第四，宣传与推广。通过各种渠道和方式宣传第二课堂成绩单制度的意义和价值，增强师生对制度的认知度和参与度。同时，总结与推广制度实施过程中的成功经验和典型案例，为其他高校提供借鉴和参考。

第五，培训与指导。对相关部门、学院和学生组织的工作人员进行培训，提升他们的业务水平，提高他们的工作能力，为学生提供必要的指导和帮助，确保他们能够顺利参与第二课堂活动并取得良好的成绩。

（二）学院与系部的实施小组与职责

1. 学院与系部实施小组的组织架构

在学院与系部层面，第二课堂成绩单制度的实施需要依托专门的组织架构来保障，这一架构通常包括学院（系部）领导小组、实施工作小组和班级认定小组三个层级。学院（系部）领导小组由学院（系部）党政负责人担任组长，成员包括分管学生工作、教学工作的院领导，团总支书记、教学秘书、辅导员等关键岗位人员。领导小组负责全面指导、监督和评估第二课堂成绩单制度的实施情况，确保制度的顺利推进。

实施工作小组是由学院（系部）领导小组下设的专门机构，负责具体执行第二课堂成绩单制度的各项任务。小组成员通常包括教学秘书、辅导员、学生干部、学生代表等，他们共同负责第二课堂成绩单活动的规划、组织、实施和评估。班级认定小组是由各班级团支部书记、主要学生干部和学生代表组成的5~7人小组，负责班级学生第二课堂成绩单的学分认定、公示和上报等工作。

2. 学院与系部实施小组的职责分工

在学院与系部层面，第二课堂成绩单制度的实施需要各实施小组明确职责分工，协同合作，共同推进。学院与系部实施工作小组的职责更加具体和细致，负责根据学院（系部）领导小组的指示和要求，制订第二课堂成绩单活动的具体计划和方案；组织和实施第二课堂成绩单活动，确保活动的顺利进行和取得实效；对学生在第二课堂活动中的表现进行评价和记录，为学生学分的认定提供依据；收集与整理第二课堂成绩单活动的相关资料和数据，为学院（系部）领导小组的决策提供参考。

班级认定小组的职责主要是负责班级学生第二课堂成绩单的学分认定、公示和上报等工作，需要根据学院（系部）领导小组和实施工作小组的要求，对学生在第二课堂活动中的表现进行评价和记录，并据此为学生认定相应的学分。同时，还需要将认定结果在班级内部进行公示，接受学生的监督和反馈，并及时将认定结果上报给学院（系部）领导小组和实施工作小组。

（三）学生组织与班级的角色与任务

1. 学生组织在第二课堂成绩单制度中的角色与任务

学生组织，包括学生会、学生社团等，作为高校第二课堂成绩单制度实施的重要力量，承担着策划、组织、宣传和评价第二课堂活动的多重任务。学生组织在第二课堂活动的策划与组织上发挥着核心作用，根据第二课堂成绩单制度的要求，结合学生的兴趣与需求，策划丰富多彩的课外活动，如创新创业大赛、志愿服务项目、社会实践活动等。通过精心组织，确保活动的顺利进行，为学生提供多样化的实践平台。

学生组织在第二课堂活动的宣传与推广上扮演着重要角色，利用校园媒体、社交媒体等多种渠道，对第二课堂活动进行广泛宣传，增强学生的参与意识和积极性。同时，通过分享活动成果和优秀案例，展示第二课堂活动的价值和意义，进一步激发学生的参与热情。此外，学生组织还承担着第二课堂活动的评价与反馈任务。根据第二课堂成绩单制度的标准，对学生在活动中的表现进行客观评价，为学分的认定提供依据。同时，收集学生对活动的反馈意见，及时向学校相关部门反映，为改进和优化第二课堂活动提供参考。

2. 班级在第二课堂成绩单制度中的角色与任务

班级作为高校教育的基本单元，在第二课堂成绩单制度实施中同样发挥着不可或缺的作用。班级的主要任务在于落实第二课堂成绩单制度的具体要求，确保每名学生都能积极参与并受益于第二课堂活动，需要积极参与第二课堂活动的策划与组织。班主任或班级骨干应鼓励学生根据自身兴趣和特长，选择参与适合的第二课堂活动。同时，班级内部可以组织小型讨论会、分享会等，加深学生对第二课堂活动的理解和认识，增强参与的积极性。

班级在第二课堂活动的宣传与推广上同样扮演着重要角色。班级应利用班会、班级群等渠道，及时向学生传达第二课堂活动的信息，鼓励学生积极参与，通过分享班级内部优秀学生的参与经历和成果，营造积极向上的班级氛围，激励更多学生投身于第二课堂活动。此外，班级还需要负责第二课堂成绩单的学分认定与公示工作。根据第二课堂成绩单制度的要求，班级应成立由团支书、学生干部和学生代表组成的认定小组，负责对学生参与第二课堂活动的情况进行记录和评分。认定结果应在班级内部进行公示，接受学生的监督和反馈。对于存在异议的情况，班级应及时与相关部门沟通，确保学分认定的公正性和准确性。

二、高校第二课堂成绩单的活动组织与项目实施

（一）活动策划与发布流程

1. 活动策划

活动策划是第二课堂成绩单制度实施的第一步，也是决定活动质量和效果的关键环节。科学规划与精准定位是活动策划的核心要求。科学规划要求活动策划者根据学校的人才培养目标、学生的兴趣和需求，结合第二课堂成绩单制度的要求，制订详细的活动计划，包括确定活动的目标、主题、内容、形式、时间、地点等要素，确保活动的针对性和实效性。科学

规划还要求活动策划者充分考虑活动的可行性和可操作性，确保活动的顺利进行。精准定位要求活动策划者明确活动的受众群体，即目标学生，通过深入了解目标学生的兴趣爱好、专业特点、能力水平等因素，活动策划者可以设计出更符合学生需求的第二课堂活动。此外，精准定位还要求活动策划者关注活动的教育价值和社会意义，确保活动不仅能够提高学生的综合素质和能力，而且能够为社会作出积极贡献。

2. 活动发布流程

活动发布流程是活动策划的延续，也是活动组织与项目实施的重要环节。透明公开与高效管理是活动发布流程的核心要求。透明公开要求活动发布过程公开透明，确保所有学生都能及时、准确地获取活动信息，包括通过校园媒体、社交媒体、班级群等多种渠道发布活动信息，确保信息的广泛传播。透明公开还要求活动策划者提供详细的活动介绍和报名指南，帮助学生更好地了解活动内容和参与方式。高效管理要求活动发布过程高效有序，确保活动的顺利进行，包括在活动发布前对活动信息进行仔细审核，确保信息的准确性和完整性；在活动发布过程中及时回应学生的疑问和反馈，确保信息的畅通无阻；在活动发布后跟踪活动的进展情况，确保活动的顺利实施。此外，活动发布流程还需要与第二课堂成绩单制度紧密结合。在发布活动信息时，活动策划者应明确活动的学分认定标准和要求，帮助学生了解参与活动所能获得的学分和荣誉。同时，活动发布流程还需要与学校的教务管理系统相衔接，确保学分认定的准确性和及时性。

（二）学生参与与报名机制

1. 学生参与机制

学生参与机制是第二课堂成绩单制度实施的关键环节，其核心在于激发学生参与第二课堂活动的积极性，促进学生的全面发展。学生参与机制应注重激发学生的内在潜能。第二课堂活动往往涉及学生兴趣、特长、能力等多个方面，因此，学生参与机制应鼓励学生根据自己的兴趣和特长选择适合自己的活动。通过提供多样化的活动选择，满足不同层次、不同类型学生的需求，从而激发学生的内在潜能，促进其个性化发展。第二课堂成绩单制度的目标在于培养学生的综合素质和能力，因此，学生参与机制应确保学生能够参与到不同类型的活动中，如创新创业、社会实践、志愿服务等。这些活动不仅能够提升学生的专业技能，而且能够培养其团队协作、沟通表达、组织管理等综合能力，从而实现学生的全面发展。此外，学生参与机制还应注重反馈与激励，通过及时收集学生对活动的反馈意见，了解学生在活动中的表现和收获，为活动的改进和优化提供参考，对表现优秀的学生给予表彰和奖励，如颁发证书、授予荣誉称号等，以激发学生的参与热情和积极性。

2. 报名机制

报名机制是学生参与第二课堂活动的第一步，其便捷性、高效性和公平公正性直接影响到学生参与体验和活动的顺利实施。随着信息技术的发展，线上报名已成为主流。第二课堂成绩单制度的报名机制应充分利用现代信息技术手段，如开发专门的报名系统、利用社交媒体平台进行报名等，为学生提供便捷、高效的报名方式。报名系统应设计合理、操作简便，确保学生能够轻松完成报名。

为了确保每名学生都能公平地参与到第二课堂活动中，报名机制应公开透明，明确报名的条件、流程、时间等要素。报名系统应设置合理的报名限额和筛选机制，避免过度竞争和资源浪费。此外，报名机制还应注重后续管理与服务。一旦学生完成报名，报名机制应提供后续的管理与服务，如活动通知、签到管理、学分认定等。这些服务不仅能够确保活动的顺利进行，而且能够为学生提供便捷、高效的参与体验。

（三）活动实施与监督评估

1. 活动实施

活动实施是第二课堂成绩单制度的核心环节，其关键在于确保活动的质量与效果，以达成预期的教育目标。活动实施应注重前期准备，包括明确活动目标、制订详细的活动计划、确定活动形式与内容、分配资源与人员等。前期准备的充分与否直接影响到活动的顺利进行。例如，对于社会实践活动，需要提前联系实践地点、安排指导教师、准备必要的物资等。

在活动进行过程中，需要密切关注活动的进展情况，及时解决出现的问题，确保活动的顺利进行。例如，对于创新创业项目，需要定期召开项目进展汇报会，了解项目的进展情况，提供必要的指导和支持。此外，活动实施还应注重效果评估。在活动结束后，需要对活动的效果进行评估，以了解活动的实际成效，为后续活动的改进提供参考。效果评估可以通过问卷调查、访谈、数据分析等方式进行，评估内容包括活动的参与度、满意度、影响力等。

2. 监督评估

监督评估是第二课堂成绩单制度实施过程中的重要保障，旨在确保活动的公正性与透明度，维护学生的合法权益。监督评估应建立科学的评估体系。评估体系应涵盖活动的各个方面，如活动的目标、内容、形式、效果等。评估指标应具有客观性、可测量性和可操作性，以便对活动进行准确、全面的评估。例如，对于社会实践活动，可以设立参与度、实践成果、社会反响等指标进行评估。

监督评估应实施多元化的评估方式。评估方式应包括学生自评、互评、教师评估、第三方评估等多种方式。多元化的评估方式可以从不同角度、不同层面对活动进行评估，增强评估的准确性和全面性。例如，对于创新创业项目，可以通过学生自评了解项目的创新性和实用性，通过教师评估了解项目的专业性和可行性，通过第三方评估了解项目的社会影响力和商业价值。此外，监督评估还应注重结果反馈与应用。评估结果应及时反馈给相关部门和人员，以便对活动进行改进和优化；还可以作为第二课堂成绩单制度实施效果的重要依据，为学校的教育教学改革提供参考。

第三节　第二课堂成绩单的评价与反馈

一、高校第二课堂成绩单评价体系的构建

（一）评价原则

1. 全面性

全面性原则是高校第二课堂成绩单评价体系构建的首要原则，要求评

价体系能够全面、客观地反映学生在第二课堂活动中的综合表现。全面性原则强调评价内容的多样性。第二课堂成绩单的评价内容应涵盖学生在思想成长、实践实习、志愿公益、创新创业、文体活动、工作履历、技能特长等多个方面的表现。这些方面相互关联、相互促进，共同构成了学生综合素质的完整图景。例如，思想成长维度可以评价学生的政治素养、道德品质和社会责任感；实践实习维度可以评价学生的实际操作能力、团队协作精神和问题解决能力；创新创业维度可以评价学生的创新思维、创业意识和实践能力等。

全面性原则注重评价方法的多元性。为了全面、客观地评价学生在第二课堂活动中的表现，应采用多种评价方法相结合的方式进行。除了传统的量化评价方法（积分记录、学分认证等）外，还应引入质性评价方法（观察记录、访谈调查、作品展示等）。这些方法的结合使用可以更加深入地了解学生的表现，增强评价的准确性和可靠性。此外，全面性原则还强调评价主体的多元化。评价主体应包括学生本人、指导教师、活动组织者、同伴及其他相关人员。不同评价主体可以从不同角度、不同层面对学生的表现进行评价，形成更加全面、客观的评价结果。

2. 公正性

公正性原则是高校第二课堂成绩单评价体系构建的核心原则，要求评价体系能够确保评价过程的公平与透明，避免主观偏见和利益冲突的影响。公正性原则强调评价标准的明确性。评价标准是评价活动的重要依据，其明确性直接影响到评价结果的公正性。在制订评价标准时，应充分考虑第二课堂活动的特点和目标，明确各项指标的内涵和外延，确保评价标准的客观性和可操作性。评价标准还应具有可比性，以便对不同学生、不同活动之间的表现进行比较和评价。

公正性原则注重评价程序的规范性。评价程序是评价活动的重要组成部分，其规范性直接影响到评价过程的公平与透明。在制订评价程序时，应明确各个环节的具体要求和时间节点，确保评价活动的有序进行；还应建立严格的监督机制，对评价过程进行全程跟踪和记录，及时发现和纠正存在的问题。此外，公正性原则强调评价结果的公开性。评价结果的公开性不仅可以增强评价体系的透明度和公信力，而且可以促进学生的自我反思和相互学习。在评价活动结束后，应及时将评价结果向学生、指导教师、活动组织者等相关人员公布，并接受他们的监督。

3. 发展性

发展性原则是高校第二课堂成绩单评价体系构建的重要原则，要求评价体系能够关注学生的成长与进步，促进学生的全面发展。发展性原则强调评价目的的教育性，评价不仅仅是对学生表现的一种总结和判断，更是一种促进学生成长和发展的手段。因此，在制订评价体系时，应充分考虑学生的个体差异和发展需求，注重评价的诊断性和发展性功能。通过评价活动，帮助学生了解自己的优点和不足，明确未来的发展方向和目标。

发展性原则注重评价过程的动态性。学生的成长与进步是一个持续的过程，因此，评价体系应具有动态性，能够随着学生的发展和变化进行调整和优化。例如，可以设立阶段性评价和目标评价相结合的方式，对学生的表现进行持续跟踪和评价；还可以建立反馈机制，及时将评价结果反馈给学生和指导教师，为他们的后续发展提供有针对性的建议和指导。此外，发展性原则强调评价结果的激励性。评价结果不仅是对学生表现的一种总结和判断，而且是一种激励学生成长和进步的动力源泉。因此，在评价活动结束后，应及时将评价结果与学生分享，并对表现优秀的学生给予表彰和奖励。这些表彰和奖励不仅可以增强学生的自信心与成就感，而且可以激发他们的学习热情和创新意识，促进他们的全面发展。

（二）评价指标的设定

1. 评价指标的量化与质性结合

在设定评价指标时，应充分考虑评价指标的量化与质性结合，以确保评价结果的客观性和准确性。量化评价指标是指可以通过具体数值来衡量学生表现的评价指标。例如，在创新创业维度中，可以设定"创新创业竞赛获奖次数""创业实践项目数量"等量化指标来评价学生的创新创业能力；在文体活动维度中，可以设定"文艺比赛获奖次数""体育竞赛成绩"等量化指标来评价学生的艺术修养和体育素质。

然而，有些评价指标难以用具体数值来衡量，需要通过质性评价来评估。例如，在思想成长维度中，学生的政治素养、道德品质、社会责任感等难以用具体数值来衡量，需要通过观察记录、访谈调查、作品展示等方式进行质性评价。在实践实习维度中，学生的实际操作能力、问题解决能力、团队协作能力等也难以用具体数值来衡量，需要通过实习报告、项目报告、指导教师评价等方式进行质性评价。因此，在设定评价指标时，应充分考虑量化与质性结合的原则。对于可以量化的评价指标，应设定明确的量化标准和计算方法；对于难以量化的评价指标，应设定具体的质性评价方法和标准。这样可以确保评价结果的客观性和准确性。

2. 评价指标的动态调整与优化

评价指标的设定应随着学生发展和时代需求的变化进行动态调整与优化。随着学生综合素质和能力的提高，原有的评价指标可能无法全面反映学生的实际情况。例如，在文体活动维度中，随着学生艺术修养和体育素质的提高，可能需要增加更多与高水平文艺比赛和体育竞赛相关的评价指标。

随着时代的发展和社会的进步，第二课堂活动的形式和内容也在不断变化。例如，随着信息技术的快速发展，网络志愿服务、在线创新创业竞赛等新型活动形式逐渐兴起。因此，在设定评价指标时，应充分考虑这些新型活动形式的特点和需求，增加与之相关的评价指标。此外，评价指标的设定还应充分考虑不同学科、不同专业学生的特点和需求。例如，在理工科专业中，可以增加更多与实验技能、科研能力相关的评价指标；在文科专业中，可以增加更多与人文素养、社会实践能力相关的评价指标，确保评价指标的针对性和适应性。

（三）评价方法与工具

1. 评价方法

（1）客观评价

客观评价以科学的量化标准为依据，通过对学生参与第二课堂活动的种类、等级、参与方式、成果等进行记录和评价，生成客观的成绩单。例如，在创新创业模块中，学生参与的由国家机关、政府部门和行业协会等组织的学术科技、创新创业比赛和活动的经历及获得的相关荣誉，以及发表的学术论文、出版的学术专著、取得的技术专利等，都将被客观地记录并转化为相应的学分。这种评价方式有助于确保评价的公正性和准确性。

（2）主观评价

主观评价更多地依赖于评价者的主观判断和经验积累。在第二课堂成绩单的评价体系中，主观评价通常作为客观评价的补充，用于全面反映学生的综合素质和能力水平。例如，在活动评价中，参与活动的学生可根据自身活动情况及主办方组织情况对该活动进行评价，反馈活动的有效性和质量情况。同时，活动指导教师和共同参与者的评价也将作为主观评价的重要组成部分，用于评价学生在活动中的表现和贡献度。

2. 评价工具

（1）网络数据管理系统

网络数据管理系统是"第二课堂成绩单"的实施手段，通过网络技术实现对学生参与第二课堂活动情况的记录、评价、审核等功能。这一系统具备学生用户观察、选择、记录、评价、反馈第二课堂参与情况的功能，同时也支持学校管理用户进行课程发布、过程管理、收集反馈等操作。网络数据管理系统不仅提高了管理效率，而且使得数据的收集、分析和利用更加便捷、准确。

（2）移动应用平台

移动应用平台为学生提供了更加便捷的第二课堂参与和记录方式。学生可以通过移动应用平台加入学生社团部落、参加第二课堂活动、进行在线报名和打卡签到等操作。同时，移动应用平台还提供了颁奖、颁发学分、评价等功能，使得学生能够实时了解自己在第二课堂中的表现和成绩。这种移动化的评价方式不仅增强了学生的参与度和积极性，而且使得评价过程更加透明和公正。

（3）数据分析工具

数据分析工具在第二课堂成绩单评价体系的构建中也发挥着重要作用。通过对收集到的大量数据进行分析和挖掘，高校可以更加准确地了解学生在第二课堂中的表现和成长情况。例如，利用人工智能、大数据等技术分析学生的成长轨迹、职业选择与发展信息，为不同年级的学生提供学业规划、全面发展、就业选择等智能化咨询。同时，数据分析工具还可以帮助高校优化人才培养方案，增强教育评价体系的导向性和科学性。

二、高校第二课堂成绩单反馈机制的建立

（一）反馈渠道与方式

1. 反馈渠道的构建

为了确保反馈机制的顺畅运行，需要构建多元化的反馈渠道，以便收集来自不同群体的意见和建议。随着信息技术的发展，线上反馈渠道已成为收集反馈信息的重要途径。高校可以建立专门的在线反馈平台或系统，如第二课堂成绩单管理系统中的反馈模块，供学生、教师和管理者提交反馈意见。这种反馈方式具有便捷、快速、匿名性高等优点，可以鼓励学生和教师积极表达自己的想法与建议。同时，线上反馈渠道还可以实现反馈信息的实时跟踪和处理，提高反馈的效率，增强反馈的有效性。

除了线上反馈渠道外，线下反馈渠道也是必不可少的。高校可以设立意见箱、召开座谈会、进行问卷调查等方式收集反馈意见。这些方式可以确保反馈信息的多样性和全面性，同时也有助于建立更加紧密的人际关系，增强反馈的针对性和有效性。针对特定群体，如学生社团、班级团组织等，可以设立专门的反馈渠道。例如，可以设立学生社团反馈委员会或班级团组织反馈小组，负责收集并整理本群体的意见和建议。这种方式可以确保反馈信息的针对性和专业性，增强群体内部的凝聚力和归属感。

2. 反馈方式的设计

（1）定期反馈与即时反馈相结合

定期反馈可以确保反馈信息的系统性和全面性，即时反馈则可以及时捕捉和解决评价体系中存在的问题。高校可以设定固定的反馈周期，如每学期或每学年进行一次全面反馈；也可以设立即时反馈渠道，如在线反馈系统、意见箱等，以便随时收集反馈意见。这种结合方式可以确保反馈信息的及时性和全面性。

（2）匿名反馈与实名反馈相结合

匿名反馈可以鼓励学生和教师更加真实地表达自己的想法与建议，实

名反馈则可以确保反馈信息的真实性和可追溯性。高校可以设立匿名反馈渠道和实名反馈渠道，以便收集不同形式的反馈信息。例如，可以设立匿名在线反馈系统和实名问卷调查等。

（3）量化反馈与质性反馈相结合

量化反馈可以客观反映评价体系中存在的问题和不足，质性反馈则可以提供更加深入和细致的分析和建议。高校可以设计量化反馈指标和质性反馈问卷等工具，以便收集不同形式的反馈信息。例如，可以设立量化反馈指标来评估第二课堂成绩单在反映学生综合素质和能力方面的准确性与有效性；也可以设计质性反馈问卷来了解学生对评价体系的具体感受和建议。这种方式可以确保反馈信息的全面性和深入性。

（二）反馈信息的收集与处理

1. 反馈信息的收集

反馈信息的收集是建立反馈机制的首要环节，目的在于全面、准确地获取关于第二课堂成绩单实施效果的各类信息。这一过程不仅需要确保信息的广泛性和多样性，而且需要保证信息的真实性和时效性。

（1）多样化形式

反馈信息的形式应多样化，以适应不同群体的需求和习惯。例如，可以设计简洁明了的反馈表单，方便用户快速提交反馈；也可以提供详细的反馈问卷，涵盖第二课堂成绩单的不同方面，以便获取深入、全面的反馈意见。此外，还可以鼓励用户通过文字、图片、视频等多种形式提交反馈，以增强反馈内容的多样性和生动性。

（2）定期与即时结合

为了确保反馈信息的时效性，高校应采取定期与即时相结合的收集方式。一方面，可以设定固定的反馈周期，如每学期或每学年进行一次全面的反馈收集，以系统评价第二课堂成绩单的实施效果。另一方面，应建立即时反馈机制，如通过在线反馈系统、意见箱等渠道，随时接收和处理用户的反馈意见。这种结合方式能够确保反馈信息的及时性和全面性。

2. 反馈信息的处理

反馈信息的处理是建立反馈机制的核心环节，目的在于对收集到的反馈信息进行有效分析和利用，以优化第二课堂成绩单的实施效果。这一过程需要科学的方法论指导，以确保处理的准确性和有效性。高校应对收集到的反馈信息进行分类与整理，根据反馈内容的不同，可以将其分为课程设计、实施效果、评价公正性等多个类别。通过对反馈信息进行分类，可以更加清晰地了解第二课堂成绩单在不同方面的表现情况，为后续的分析和处理提供依据。

在分类与整理的基础上，高校应对反馈信息进行深入的分析与评价。这一过程需要采用科学的方法论工具，如统计分析、内容分析、质性研究等，以挖掘反馈信息中的有价值信息。通过分析与评估，可以识别出第二课堂成绩单存在的问题和不足，为后续的改进和优化提供方向。高校还应将处理结果及时反馈给相关方，并根据反馈信息提出具体的改进建议。一方面，可以将处理结果通过线上平台、线下会议等方式告知学生、教师和管理者，让他们了解第二课堂成绩单的实施效果和改进方向。另一方面，应根据反馈信息调整第二课堂成绩单的设计和实施策略，如优化课程设计、改进评价方法、加强过程管理等，以增强第二课堂成绩单的有效性和公正性。

（三）反馈结果的应用与改进

1. 反馈结果的应用

反馈结果的应用是反馈机制的核心价值，直接关系到第二课堂成绩单是否能够发挥其应有的评价和教育功能。通过科学、合理地应用反馈结果，高校不仅可以优化第二课堂成绩单的设计和实施，而且可以进一步提高学生的综合素质和能力。

（1）评估与优化第二课堂成绩单

反馈结果的首要应用是对第二课堂成绩单本身进行评估与优化。高校应根据反馈结果，深入分析第二课堂成绩单在课程设计、实施过程、评价标准等方面存在的问题和不足。例如，如果反馈显示某些课程模块的内容过于单一或难度过高，高校应及时调整课程设计，增强课程的多样性和适切性；如果反馈反映评价标准不够明确或公正，高校应完善评价机制，确保评价的准确性和公正性。

（2）指导教育教学改革

反馈结果的应用还可以为高校的教育教学改革提供重要参考。通过分析反馈结果，高校可以了解学生在第二课堂活动中的实际表现和需求，进而有针对性地调整教育教学策略。例如，如果反馈显示学生在创新实践方面表现较弱，高校可以加强创新实践教育，提供更多的实践机会和资源；如果反馈反映学生在团队协作方面有待提升，高校可以通过团队建设活动、合作项目等方式提高学生的团队协作能力。

2. 反馈机制的改进

反馈机制的改进是确保其持续有效运行的关键。随着教育环境的变化和学生需求的变化，高校应不断对反馈机制进行优化和完善，以更好地服务于第二课堂成绩单的实施和学生综合素质的提高。

（1）增强反馈机制的互动性

为了提高反馈机制的互动性，高校应鼓励学生、教师和管理者积极参与反馈过程。例如，可以通过设置在线反馈系统、定期召开反馈会议等方式，为学生提供更多的反馈渠道和机会；也可以鼓励教师和管理者积极参与反馈的收集与分析工作，共同为优化第二课堂成绩单出谋划策。

（2）增强反馈机制的时效性

反馈机制的时效性对于及时发现问题、解决问题具有重要意义。高校应建立快速响应机制，确保反馈结果能够得到及时的处理和应用。例如，可以设定固定的反馈处理周期，对收集到的反馈信息进行及时分类、整理和分析；也可以建立紧急反馈处理机制，对重大或紧急的问题进行即时处理。

（3）增强反馈机制的科学性

反馈机制的科学性对于确保反馈结果的准确性和有效性至关重要。高校应采用科学的方法论工具对反馈信息进行深入分析和评估。例如，可以运用统计分析方法对反馈数据进行量化分析；也可以采用质性研究方法对反馈内容进行深入解读和理解；还可以邀请专家、学者等第三方机构对反馈结果进行独立评估，以提升反馈结果的公信力和可信度。

第五章　高校第二课堂成绩单建设的教学培养体系

第一节　高校第二课堂教学规划

一、高校第二课堂教学规划的内容

（一）课程体系构建

1. 跨学科融合

随着科技的飞速发展和社会问题的复杂化，单一学科的知识已难以满足解决实际问题的需求。因此，第二课堂课程体系构建应注重跨学科融合，设计跨学科课程，如"科技伦理与法律""数字艺术与文化传承"等，旨在培养学生跨领域思考和解决问题的能力。通过跨学科项目实践，如"智慧城市解决方案设计""环保科技创新项目"等，让学生在实际操作中体验不同学科知识的融合与应用，促进知识整合与创新思维的培养。这种项目式学习不仅能提高学生的实践能力，而且能激发他们对未知领域的探索兴趣。

2. 个性化学习路径

第二课堂课程体系应设计成模块化，允许学生根据自身兴趣和职业规划，自由选择感兴趣的课程模块。每个模块都应包含明确的学习目标和评估标准，确保学习的系统性和有效性。利用大数据和人工智能技术，分析学生的学习行为和成绩，为学生提供个性化的学习建议，帮助他们制订适合自己的学习计划，建立导师制度，为每名学生配备专业导师，进行一对一指导和辅导，确保个性化学习的顺利进行。鼓励学生在自主学习的基础上，参与学习社群，如学术论坛、兴趣小组等。通过交流与合作，拓宽视野，深化理解。社群学习不仅能促进学生的社交能力，而且能激发他们的学习动力和创造力。

3. 数字化与智能化教学资源

利用现代信息技术，开发丰富多样的数字化教学资源，如在线课程、虚拟实验室、电子图书等，为学生提供便捷、高效的学习途径。这些资源应覆盖第二课堂的各个领域，满足学生多样化的学习需求。引入智能化教学辅助工具，如智能推荐系统、学习分析平台等，为学生提供个性化的学习支持和反馈。这些工具能根据学生的学习进度和表现，智能调整教学内容和难度，帮助学生更好地掌握知识。

（二）教学方法与手段

1. 理论与实践相结合

理论与实践相结合是第二课堂教学的基本原则之一，也是培养其应用能力和创新能力的关键。在第二课堂教学中，应注重将理论知识与实践操作紧密结合，通过实践加深对理论的理解，用理论指导实践，实现知行合一。实践教学是第二课堂教学的核心组成部分，不仅能够帮助学生将所学知识应用于实际情境中，而且能够培养学生的动手能力、问题解决能力和创新思维。通过实践教学，学生可以更加直观地理解理论知识，增强学习的趣味性和实效性。

为了实现理论与实践的有效结合，第二课堂教学应采用多种教学策略。一方面，可以通过案例分析、模拟实验等方式，将理论知识融入实践情境中，让学生在解决具体问题的过程中学习和应用知识。另一方面，可以组织实地考察、社会实践等活动，让学生走出课堂，亲身体验和感知所学知识在实际中的应用，从而加深对理论的理解。实践教学的评估与反馈是确保教学质量的重要环节，通过建立科学的评估体系，对学生在实践教学中的表现进行客观评价，可以及时发现和纠正教学中存在的问题，为后续教学提供改进方向。通过反馈机制，学生可以了解自己的学习情况和不足之处，从而有针对性地进行改进和提升。

2. 线上线下混合式教学

随着互联网技术的不断发展，线上线下混合式教学逐渐成为第二课堂教学的重要趋势。这种教学模式结合了线上教学的便捷性和线下教学的互动性，为学生提供了更加灵活多样的学习空间。线上教学具有时间灵活、空间无限、资源丰富等优势，可以为学生提供更加个性化的学习体验。然而，线上教学也存在一些挑战，如学生自律性差、师生互动不足等。因此，在第二课堂教学中，应充分利用线上教学的优势，同时采取有效措施克服其挑战。

为了实现线上线下教学的有机融合，第二课堂教学应采用多种教学策略，利用线上平台进行课程预习和复习，让学生在课前对所学知识有所了解，课后进行巩固和深化。在线下教学中，应注重师生互动和生生互动，通过讨论、交流、合作等方式，激发学生的学习兴趣和积极性，可以利用线上平台进行作业提交、答疑解惑等活动，提高教学效率和质量。混合式教学的评估与优化是确保教学质量的关键环节，通过建立科学的评估体系，对线上线下教学的效果进行客观评价，可以及时发现和纠正教学中存在的问题，根据评估结果，不断优化教学策略和方法，提高混合式教学的效率。

3. 小组合作学习

小组合作学习是第二课堂教学中一种重要的教学方法，通过将学生分成小组，共同完成任务或解决问题，培养学生的团队协作和沟通能力。小组合作学习不仅可以提高学生的学习效率，而且可以培养学生的团队协作和沟通能力。在小组合作学习中，学生需要相互协作、共同讨论、分工合作，这有助于培养他们的团队精神、责任感和沟通能力，小组合作学习还可以激发学生的学习兴趣和积极性，增强他们的学习动力和自信心。

为了实现小组合作学习的有效进行，第二课堂教学应采用多种策略，合理分组，确保每个小组的成员具有多样性和互补性，以便他们能够相互学习和帮助。明确小组目标和任务，让小组成员清楚自己的责任和义务，以便他们能够有针对性地开展学习和讨论，还应注重小组合作的评估和反馈，对小组合作的过程和结果进行客观评价，及时发现和纠正存在的问题，为后续合作提供改进方向。

二、高校第二课堂教学规划的实施步骤

（一）前期准备

1. 需求分析

需求分析是第二课堂教学规划前期准备阶段的首要任务，核心在于精准定位教学目标，明确学生需求和社会需求，为后续的课程设置、教学方法选择等提供科学依据。通过问卷调查、访谈、小组讨论等多种方式，广泛收集学生对第二课堂的期望和需求，重点关注学生的兴趣爱好、职业规划、能力提高等方面，了解他们在第一课堂之外的学习需求和发展愿望，还应关注学生的个体差异，如学习风格、认知水平、兴趣爱好等，以便为后续的个性化教学提供依据。

结合当前社会发展和行业趋势，分析社会对人才的需求变化，明确第二课堂教学应重点培养的能力素质，包括创新能力、实践能力、团队协作能力、跨文化交流能力等。通过与社会企业、行业协会等机构的合作与交流，了解行业对人才的需求标准，为第二课堂教学的内容选择和教学方法提供方向。在充分调研的基础上，明确第二课堂教学的总体目标和阶段性目标。总体目标应涵盖学生知识、能力、素质等多方面的提升。阶段性目标应具体、可量化，便于后续的教学评估与反馈。建立科学的目标评估体系，对目标的达成情况进行定期评估，确保教学活动始终围绕既定目标展开。

2. 资源筹备

资源筹备是第二课堂教学规划前期准备阶段的重要环节，涉及到师资、场地、设备、教材等多方面的资源配置，直接关系到教学活动的顺利开展和教学效果的实现。根据第二课堂教学的需求，选拔与培养具有丰富实践经验和教学能力的师资队伍，注重教师的专业背景、教学能力和实践经验，确保他们能够胜任第二课堂教学工作，建立教师培训和发展机制，定期组织教师培训、交流和学习活动，提高教师的专业素养和教学能力。

根据第二课堂教学的特点和需求，合理配置教学场地和设备，对于需要特殊场地和设备的课程，如实验课、实践课等，应提前规划好场地和设备的使用，确保教学活动的顺利进行，建立场地和设备的维护与管理机

制，定期对场地和设备进行检查与维护，确保其正常运行和使用安全。此外，还要根据第二课堂教学的需求，开发与选用适合的教材和教学资源，教材应具有针对性、实用性和前瞻性，能够满足学生的学习需求和发展愿望，积极利用现代信息技术手段，开发数字化教学资源，如在线课程、虚拟实验等，为学生提供更加便捷、高效的学习途径。

3. 组织构建

组织构建是第二课堂教学规划前期准备阶段的最后一步，涉及到组织架构的搭建、管理制度的完善、运行机制的建立等方面，是确保第二课堂教学活动顺利进行的重要保障。根据第二课堂教学的需求，搭建科学合理的组织架构。明确各部门和岗位的职责与权限，确保各项工作有序开展，建立跨部门协作机制，加强各部门之间的沟通和协调，形成合力，共同推动第二课堂教学的发展。

制定和完善第二课堂教学管理制度，包括课程设置、教学管理、学生管理、师资管理等方面的规章制度。确保教学活动有章可循、有据可依，提升教学管理的规范化和科学化水平，建立教学质量监控和评估机制，对教学活动进行定期检查和评估，及时发现和纠正存在的问题，确保教学质量的持续提升。建立科学高效的运行机制，确保第二课堂教学活动的顺利进行，包括教学计划的制订与实施、教学活动的组织与协调、教学资源的分配与利用等方面的机制。建立信息反馈和沟通机制，及时收集学生和教师的意见与建议，为后续的教学改进提供依据。

（二）规划制订

1. 制订详细的教学计划

制订详细的教学计划是第二课堂教学规划制订阶段的首要任务。一个系统、全面、有序的教学计划能够确保教学活动的顺利进行，提升教学效果。在制订教学计划时，需要考虑的是时间安排和进度规划，根据第二课堂的性质和目标，确定每学期或每学年的教学活动时间，包括课程开始和结束的时间、每周的教学次数、每次教学的时间长度等；还需要制订详细的进度规划，明确每个阶段的教学任务和目标，确保教学活动的有序推进。

教学计划还应包括活动形式与教学方法的选择，根据第二课堂的特点和学生的需求，选择合适的活动形式，如讲座、研讨会、工作坊、实地考察等，结合教学内容和目标，采用灵活多样的教学方法，如案例分析、小组讨论、项目合作等，以激发学生的学习兴趣和积极性。在教学计划的制订过程中，还需要充分考虑资源的整合与利用，包括师资力量的配置、教学场地的选择、教学设备的配备等。高校应根据第二课堂教学的需求，合理调配资源，确保教学活动的顺利开展；还应积极探索校内外资源的整合与利用，如邀请行业专家、校友等参与教学活动，为学生提供更加丰富的学习资源和机会。为了确保教学计划的有效实施，还需要建立科学的评估与反馈机制，包括对学生参与度、教学效果、教学资源利用等方面的评估以及对学生和教师反馈的及时收集与处理。通过评估与反馈机制的建立，可以及时发现与解决教学过程中存在的问题和不足，确保教学计划的持续改进和优化。

2. 明确课程目标与教学内容

明确课程目标与教学内容是第二课堂教学规划制订阶段的关键环节，清晰、具体的课程目标与教学内容能够为教学活动提供明确的指导和方向，提升教学质量。在设定课程目标时，应充分考虑第二课堂的性质、特点和学生的需求。课程目标应具有前瞻性、引领性和可操作性，能够体现第二课堂教学在高校教育体系中的重要地位和作用；还应与学生的个人发展、社会需求紧密结合，确保第二课堂教学能够真正服务于学生的成长和社会的进步。课程目标的设定应包括知识拓展、能力提高、素质培养等多个方面，全面反映第二课堂教学的实际效果。

在明确课程目标的基础上，需要选择和组织合适的教学内容，教学内容应围绕课程目标进行设计，确保教学活动的针对性和实效性。同时，教学内容应具有多样性和灵活性，以满足不同学生的需求。在选择教学内容时，应充分考虑学生的兴趣和需求，结合高校的专业特色和资源优势，设计出丰富多样、具有针对性的教学内容。此外，还应注重教学内容的更新与优化，确保教学内容始终符合学生需求和社会发展要求。

在明确课程目标与教学内容的基础上，还需要注重教学方法与手段的创新，探索更加灵活多样的教学方法，如案例分析、小组讨论、项目合作等。同时，还可以借助现代信息技术手段，如在线课程、虚拟实验等，为学生提供更加便捷、高效的学习途径。通过教学方法与手段的创新，可以激发学生的学习兴趣和积极性，提升教学质量和效果。

（三）组织实施

1. 课程安排与选课指导

课程安排是组织实施阶段的首要任务。在安排课程时，应充分考虑学生的时间分配、兴趣需求、课程之间的内在联系。通过科学规划课程时间，避免与第一课堂时间冲突，确保学生能够充分参与第二课堂活动。同时，根据课程性质和目标，合理安排课程时长和频次，确保教学活动的深入与持续。此外，还应注重课程内容的多样性和互补性，为学生提供丰富多样的学习选择，促进其全面发展。选课指导是确保学生能够根据自身兴趣和需求合理选择课程的重要环节。高校应建立完善的选课指导机制，通过线上线下相结合的方式，为学生提供全面的课程信息和选课建议。在选课指导过程中，应充分考虑学生的专业背景、兴趣特长、职业规划，为其量身定制选课方案；还应注重培养学生的自主学习能力和选择能力，引导其学会根据自身发展需求和目标进行课程选择，促进个性化发展。

在组织实施阶段，资源整合与共享是提升第二课堂教学质量和效果的关键。高校应充分利用自身资源优势，如师资力量、教学设施、图书资料等，为第二课堂教学提供有力的支持；还应积极寻求校内外合作机会，整合社会资源，为学生提供更加丰富多样的学习资源和实践机会。通过资源共享，不仅可以提升第二课堂的教学质量，而且可以拓宽学生的视野，提高其社会实践能力。

2. 教学质量监控与评估

教学质量监控是组织实施阶段的重要保障。高校应建立完善的教学质量监控体系，对第二课堂教学活动进行全程跟踪和评估。监控体系应包括教学准备、教学过程、教学效果等多个环节，确保教学活动的规范性和有效性。高校还应注重收集学生、教师、教学管理人员的反馈意见，及时发现和解决教学过程中存在的问题与不足。在教学质量评估过程中，应采用多元化的评估方式，以确保评估结果的客观性和准确性。除了传统的考试、作业等定量评估方式外，还应注重定性评估方法的应用，如课堂观察、学生访谈、同行评议等。通过多元化的评估方式，可以全面了解学生的学习情况和教师的教学效果，为教学改进提供有力的依据。

根据教学质量监控与评估结果，高校应建立持续改进机制，对第二课堂教学活动进行不断优化和完善。持续改进机制应包括教学计划的调整、教学方法的创新、课程内容的更新等多个方面。通过持续改进，不仅可以提升第二课堂的教学质量，而且可以满足学生不断变化的学习需求，促进其全面发展。

第二节　高校第二课堂教学团队

一、高校第二课堂教学团队的组织架构

（一）团队负责人的角色与职责

1. 战略引领与愿景构建

第二课堂教学团队负责人的首要职责在于制订团队的战略规划，明确团队的发展方向和长远目标，需要负责人具备敏锐的市场洞察力和教育前瞻性，能够准确把握高等教育的发展趋势和社会需求，结合学校的实际情况，为团队设定清晰、具体、可衡量的目标。在设定目标时，负责人需考虑目标的可行性、挑战性和激励性，确保团队成员能够保持高昂的斗志和持续的创新动力。除了战略规划外，第二课堂教学团队负责人还需负责构建团队的共同愿景和塑造团队文化。愿景是团队发展的灵魂，能够激发团队成员的归属感和使命感，引导他们朝着共同的目标前进。负责人应通过有效的沟通和引导，让团队成员深刻理解并认同团队的愿景，形成强大的内聚力和向心力；还应注重团队文化的塑造，营造积极向上、团结协作、开放包容的团队氛围，为团队的创新与发展提供坚实的文化支撑。

2. 团队管理与资源整合

第二课堂教学团队负责人的另一重要职责在于团队的构建与成员的选

拔，负责人需根据团队的战略规划和目标，明确团队所需的人才类型和数量，制订科学的选拔标准和流程，确保选拔出具备专业知识、实践经验和创新能力的优秀人才。在选拔过程中，负责人需注重考查候选人的综合素质和潜力以及他们与团队的契合度，以确保团队的整体素质和战斗力。作为团队的领航者，第二课堂教学团队负责人还需负责资源的整合与优化配置，包括人力资源、物质资源、信息资源等多个方面。负责人需积极争取校内外资源的支持，与相关部门和机构建立良好的合作关系，为团队提供充足的资源保障。同时，负责人还需注重资源的优化配置，根据团队的实际需求和成员的能力特长，合理分配资源，提高资源的使用效率和效益。在资源整合过程中，负责人需注重创新性和可持续性，不断探索新的资源获取途径和利用方式，为团队的发展注入新的活力。

（二）团队成员的选拔与配置

1. 选拔机制

（1）明确选拔标准

在选拔第二课堂教学团队成员时，需明确选拔标准，这些标准应涵盖专业知识、教学经验、团队协作能力以及对学生发展的关注等多个维度。专业知识是团队成员的基础，确保他们能够在特定领域内提供高质量的教学内容；教学经验有助于团队成员更好地把握教学规律，提升教学效果；团队协作能力能够保证团队成员之间的有效沟通与合作，形成合力；对学生发展的关注是团队成员应具备的基本素养，确保他们能够以学生的全面发展为中心，提供个性化的指导和支持。

（2）多元化选拔方式

在选拔过程中，应采用多元化的方式，包括简历筛选、面试、试讲、教学展示及同行评价等。简历筛选可以初步了解候选人的教育背景、工作经历和成果；面试能够更深入地了解候选人的教学理念、教学方法、团队协作能力；试讲和教学展示可以让候选人展示自己的教学风格与水平；同行评价可以从专业角度对候选人的教学能力和潜力进行评估。通过这些多元化的选拔方式，可以全面、客观地了解候选人的能力和潜力，为团队的选拔提供科学依据。

2. 配置策略

（1）团队结构合理性

在配置第二课堂教学团队成员时，应注重团队结构的合理性，包括团队成员的专业背景、年龄结构、性别比例、性格特点等多个方面。合理的专业背景配置可以确保团队在不同领域内的均衡发展，为学生提供多元化的学习体验；年龄结构的优化可以形成老中青相结合的团队，既保持团队的稳定性和连续性，又注入新的活力和创新思维；性别比例的平衡有助于形成更加和谐、包容的团队氛围；性格特点的互补可以促进团队成员之间的有效沟通和协作，提升团队的整体效能。

（2）角色定位与职责明确

在团队配置过程中，还需明确每个团队成员的角色定位和职责，包括团队负责人、项目负责人、教学助理、技术支持等不同角色。团队负责人应负责团队的整体规划和协调，确保团队目标的实现；项目负责人负责具体活动的策划、执行和评估，确保活动的顺利进行；教学助理可以协助项目负责人完成教学任务，提供必要的支持和保障；技术支持负责团队的技术平台和工具的使用和维护，确保团队工作的顺利进行。通过明确角色定位和职责，可以确保团队成员之间的有效分工和协作，提高团队的工作效率。

（三）团队内部结构与职能划分

1. 内部结构

高校第二课堂教学团队的内部结构应从顶层设计与战略规划出发，设立一个核心领导团队，负责团队的总体方向设定、战略规划、重大决策。该团队通常由团队负责人、副手及若干关键职能部门的负责人组成，不仅应具备深厚的教育背景和专业知识，而且应拥有卓越的领导力和战略眼光，能够引领团队紧跟高等教育发展趋势，制订符合学校实际和学生需求的发展蓝图。

在顶层设计的指导下，中层管理团队负责具体职能部门的设立与管理，确保各项战略规划的有效执行。这些职能部门可能包括教学部、活动部、技术部、资源部等，每个部门都承担着特定的职责，如教学部负责课程内容的设计与实施、活动部负责第二课堂活动的策划与组织、技术部负责技术支持与平台维护、资源部负责资源的整合与利用。中层管理团队通过有效的沟通与协作，确保各部门之间的工作无缝对接，形成合力。基层执行团队负责具体的教学任务、活动实施、技术支持等工作的执行，直接与学生接触，了解学生的实际需求和反馈，为团队提供宝贵的一手资料。同时，基层执行团队也承担着反馈优化的责任，需将执行过程中遇到的问题和挑战及时反馈给中层管理团队与顶层设计团队，以便团队能够及时调整策略，优化工作流程，提高工作效率。

2. 职能划分

（1）教学职能

教学职能是第二课堂教学团队的核心职能之一。教学团队负责根据学校的教育目标和学生的实际需求，设计并实施多样化的课程内容，需具备扎实的专业知识、丰富的教学经验和创新的教学方法，能够激发学生的学习兴趣，提高他们的综合素质和实践能力；还需关注学生的个性化需求，提供针对性的指导和支持。

（2）活动组织职能

活动组织职能负责第二课堂活动的策划、组织与执行。活动团队需具备敏锐的市场洞察力和创新思维，能够结合学校特色和学生兴趣，策划出富有吸引力和教育意义的活动，与校内外相关机构建立合作关系，整合资源，确保活动的顺利实施；还需关注活动的反馈效果，及时总结经验教训，为后续的活动策划提供参考。

（3）技术支持职能

技术支持职能是第二课堂教学团队的重要保障。技术团队负责为团队提供必要的技术支持和平台维护，确保各项教学活动的顺利进行，具备扎实的计算机技术和网络知识，能够熟练操作各种教学软件和平台，解决技术难题；还需关注新兴技术的发展趋势，不断探索新的技术应用，为团队的创新发展提供技术支撑。

（4）资源整合与利用职能

资源整合与利用职能负责整合校内外资源，为团队的发展提供有力的保障。资源团队需具备广泛的社交网络和资源整合能力，能够积极争取校内外资源的支持，包括师资力量、教学设施、实践基地等；也需根据团队的实际需求，合理配置资源，提高资源的使用效率和效益；还需关注资源的可持续性发展，为团队的长远发展奠定基础。

二、教学团队的建设与管理

（一）团队目标的设定与分解

1. 团队目标的设定

高校第二课堂教学团队目标的设定应基于学校的整体发展战略和教育目标，明确团队在教育体系中的定位与角色，意味着团队目标需与学校的人才培养计划、学科建设方向、社会服务功能紧密衔接，确保团队活动能够有力支撑学校的教育使命和愿景。团队目标还应考虑外部环境的变化，如社会需求、行业趋势等，以保持团队的前瞻性和适应性。

团队目标应具体、明确且可衡量，以便为团队成员提供清晰的工作导向和评估标准。具体而言，目标应包含时间框架、预期成果、质量标准等元素，确保每名成员都能明确自己的任务和责任。此外，目标的可衡量性有助于团队在执行过程中进行进度监控和效果评估，及时调整策略，确保团队活动始终围绕既定目标展开。团队目标的设定过程应充分听取团队成员的意见和建议，确保目标得到广泛认同和支持。通过团队会议、讨论会等形式，鼓励成员积极参与目标设定的讨论，不仅可以增强团队的凝聚力和归属感，而且可以确保目标更加贴近实际，更具可行性。共识的形成是团队目标得以有效实施的关键。

2. 团队目标的分解

团队目标一旦确定，就需要进行层次化的分解，将总体目标细化为具体的工作任务和个人职责，这一过程应遵循"SMART"原则（具体、可测量、可达成、相关性、时限性），确保每个分解后的目标都是清晰、可操作的。通过层次化分解，可以将团队目标转化为一系列具体的工作计划和行动方案，为团队成员提供明确的行动指南。在目标分解的基础上，需要明确每名成员的责任和角色，确保团队内部的责任体系清晰明了，建立有效的协同机制，促进成员之间的沟通与合作，确保各项任务能够顺利推进，包括定期的团队会议、工作进度汇报、资源共享平台等，以加强团队内部的信息流通和资源整合，提升团队的整体效能。

团队目标的分解与实施是一个动态的过程，需要持续监控与调整。团队负责人应定期评估团队目标的完成情况，识别存在的问题和挑战，及时采取措施进行纠正。同时，鼓励团队成员反馈执行过程中的困难和建议，以便团队能够灵活调整策略，应对外部环境的变化和内部需求的变动。通过持续的监控与调整，确保团队始终保持在正确的轨道上，朝着既定目标稳步前进。

（二）团队成员的培训与发展

1. 培训体系的构建

高校第二课堂教学团队成员的培训应基于全面的需求分析，包括团队成员的现有能力、发展需求以及第二课堂教学的特点和要求。通过问卷调查、访谈、绩效评估等多种方式，收集团队成员对于培训的需求和期望，进而制订针对性的培训规划。规划应涵盖培训内容、方式、时间、地点等多个方面，确保培训活动的系统性和有效性。培训内容应涵盖专业知识、教学技能、团队协作、创新思维等多个维度。专业知识培训旨在提升团队成员在特定领域内的学术水平和专业素养；教学技能培训注重提高团队成员的教学设计、课堂管理、学生评估等能力；团队协作培训有助于增强团队成员之间的沟通和合作，形成高效的团队氛围；创新思维培训鼓励团队成员不断探索新的教学方法和模式，推动第二课堂的持续发展。培训方式应多样化，以满足不同团队成员的学习需求和偏好，除了传统的讲座、研讨会等形式外，还可以采用案例分析、模拟教学、在线学习、工作坊等互动性和实践性较强的方式，激发团队成员的学习兴趣和积极性，提升他们的参与度和学习效果。

2. 发展路径的规划

高校应为第二课堂教学团队成员规划清晰的职业发展路径，包括晋升通道、职称评定、学术研究等方面。通过明确的职业发展路径，让团队成员看到自己的成长空间和未来前景，从而激发他们的职业动力和进取心。高校还应为团队成员提供必要的支持和资源，如科研经费、学术交流机会等，帮助他们实现职业发展目标。激励机制是推动团队成员持续发展的重要动力。高校应建立科学合理的激励机制，包括物质奖励和精神激励两个方面。物质奖励可以包括奖金、津贴、福利等，以表彰团队成员的优秀表现和突出贡献；精神激励可以通过表彰大会、荣誉证书、职称晋升等方式，给予团队成员社会认可和尊重，满足他们的成就感和归属感。高校应鼓励第二课堂教学团队成员保持持续学习的态度，不断提高自己的专业素养和教学能力，可以通过建立学习社群、提供学习资源、举办学术讲座等方式实现。团队成员也应具备自我提升的意识，主动寻求学习机会，不断更新自己的知识结构和教学方法，以适应高等教育的发展和学生需求的变化。

（三）团队沟通与合作机制的建立

1. 沟通机制的建立

高校第二课堂教学团队应建立开放式的沟通渠道，确保信息的畅通无阻，包括定期的团队会议、工作进展汇报、在线交流平台等，以便团队成员能够及时分享信息、交流想法和反馈问题。开放式沟通渠道有助于消除信息隔阂，增强团队成员之间的信任和理解，从而提高团队的凝聚力和协作效率。沟通方式应多元化，以适应不同团队成员的沟通需求和偏好。除了面对面的交流外，还可以利用电子邮件、即时通信工具、社交媒体等数字化手段进行沟通。这些方式不仅方便快捷，而且能够跨越时间和空间的限制，促进团队成员之间的即时互动和信息共享。高校应重视团队成员沟通技巧的培训，提高他们的沟通能力和表达能力，包括倾听技巧、反馈技巧、非言语沟通等方面。通过培训，团队成员能够更好地理解彼此的需求和意图，减少误解和冲突，从而建立更加和谐、高效的沟通氛围。

2. 合作机制的建立

高校第二课堂教学团队应建立资源共享平台，促进团队成员之间的资源共享和互利合作，包括教学资源的共享、科研项目的合作、实践基地的共建等方面。通过资源共享，团队成员能够相互支持、相互补充，形成合力，共同推动第二课堂教学的创新与发展。合作机制的建立还需要明确协同工作流程，确保团队成员在合作过程中能够各司其职、协同作战，包括任务分配、进度监控、成果评估等环节。通过明确的工作流程，团队成员能够清晰地了解自己的职责和任务，提高工作效率。

团队文化的建设是合作机制建立的重要支撑。高校应倡导开放、包容、创新的团队文化，鼓励团队成员之间的互相学习和共同进步。通过团队文化的建设，能够增强团队成员的归属感和认同感，激发他们的积极性和创造力，为团队的持续发展和创新提供源源不断的动力。在团队沟通与合作机制的建立过程中，高校还应注重团队成员之间的情感交流和人文关怀，通过组织团队建设活动、关心团队成员的生活和工作状况等方式，增强团队成员之间的情感联系和相互支持，从而构建更加紧密、和谐的团队关系。

第三节　高校第二课堂教学评价及考核

一、高校第二课堂教学考核体系构建

（一）考核标准的制订

1. 考核标准制订的理论基础与价值取向

高校第二课堂教学作为高等教育体系中的重要组成部分，其考核标准的制订不仅关乎教学质量的评估，而且直接影响到学生综合素质的培养与提升。在制订考核标准时，需明确其理论基础，即遵循教育评价学的基本原理，确保考核标准既能反映教育目标，又能体现学生发展的多样性。教育评价学强调评价的全面性、发展性和差异性，要求第二课堂教学的考核标准不仅要关注学生的知识技能掌握情况，而且要重视其创新能力、实践能力、团队协作能力等多方面素质的发展。

在价值取向方面，考核标准的制订应秉持"以学生为中心"的教育理念，注重学生主体性的发挥和个性化发展的需求，意味着考核标准不仅具有普遍适用性，能够覆盖第二课堂教学的各个领域和环节，而且具有一定的灵活性和开放性，允许学生根据自己的兴趣和特长进行选择与拓展。同时，考核标准还应体现公平性，确保所有学生都能在公平的环境下接受评价，获得应有的认可和发展机会。

2. 考核标准制订的具体策略与实施路径

在制订高校第二课堂教学的考核标准时，应采取科学、合理、具体的策略，以确保考核标准的有效性和可操作性。考核标准的制订应紧密围绕第二课堂教学的目标和内容展开，通过对第二课堂教学活动的深入分析和梳理，明确各项活动所要达到的具体目标和要求，进而制订出与之相对应的考核标准。这些标准应涵盖知识技能的掌握、实践能力的提高、团队协作精神的展现等多个方面，以全面评价学生在第二课堂活动中的表现。

为了更准确地评价学生在第二课堂中的表现，应采用多元化的评价方式，包括自我评价、同伴评价、教师评价、外部专家评价等。自我评价可以帮助学生认识自己的优点和不足，促进自我反思和提升；同伴评价可以增进学生之间的相互了解和合作，形成积极的学习氛围；教师评价和外部专家评价可以从专业角度对学生的表现进行客观、公正的评价，为学生提供有价值的反馈和建议。考核标准应尽可能具体、可量化，以便学生明确自己的学习目标和努力方向。例如，在社会实践类活动中，可以设定活动出勤率、任务完成情况、实践报告质量等具体指标，并根据这些指标制定相应的评分标准，这样不仅可以增强评价的客观性和准确性，而且可以激发学生的学习积极性和主动性。

第二课堂教学的考核应注重过程评价与结果评价相结合。过程评价可以关注学生在活动过程中的参与度、努力程度和进步空间。结果评价主要关注学生的最终成果和表现。通过将两者相结合，可以更全面、准确地评价学生在第二课堂中的表现，为学生的发展和提升提供更有针对性的指导与支持。随着教育环境的变化和学生需求的变化，考核标准也需要进行相应的调整和优化。因此，在制订考核标准时，应建立动态调整机制，定期对考核标准进行评估和修订，不仅可以确保考核标准的时效性和适用性，而且可以促进第二课堂教学的持续改进和创新。

（二）考核流程的设计

1. 考核周期与时间节点的合理规划

考核周期与时间节点的合理规划是确保第二课堂教学考核顺利进行

的基础。在设计考核流程时，应充分考虑第二课堂教学的特点和要求，以及学生的实际情况和学习进度，制订出既符合教学规律又便于学生参与的考核周期和时间节点。具体来说，考核周期可以根据第二课堂教学的性质和活动类型进行设定。对于长期性的项目或活动，如学术研究、社会实践等，可以设定较长的考核周期，以便学生有足够的时间进行深入研究和实践。对于短期性的活动，如文艺比赛、体育赛事等，可以设定较短的考核周期，以便及时反映学生的学习成果和表现。同时，时间节点的设定也应合理且明确。在考核周期开始之前，应提前公布考核的时间安排和具体要求，以便学生做好充分的准备。在考核过程中，应严格按照时间节点进行各项考核工作，确保考核的顺利进行。考核结束后，应及时公布考核结果，以便学生及时了解自己的学习情况和改进方向。

2. 考核材料的提交与审核流程的规范化管理

考核材料的提交与审核流程是确保第二课堂教学考核公正、准确的关键环节。在设计这一流程时，应注重规范化、标准化和透明化，以确保考核材料的真实性和有效性。对于不同类型的第二课堂教学活动，应制订相应的考核材料提交清单和格式要求，以便学生按照统一的标准进行准备和提交，不仅可以增强考核材料的整齐度和可读性，而且可以降低因格式问题而导致的审核困难。在审核过程中，应明确各审核环节的职责和权限，确保审核工作的顺利进行，采用多元化的审核方式，如专家评审、同行评议等，以增强审核的准确性和公正性。对于审核过程中发现的问题或疑虑，应及时与学生进行沟通和确认，确保审核结果的准确性和可靠性。在审核结束后，应将考核材料进行整理和归档，以便后续查阅和使用，不仅可以为学生的学习和成长留下宝贵的记录，而且可以为第二课堂教学的持续改进和优化提供有力的支持。

3. 考核结果的反馈与申诉机制的建立与完善

考核结果的反馈与申诉机制是确保第二课堂教学考核公平、公正的重要保障。在设计这一机制时，应注重及时性、有效性和人性化，以便学生能够及时了解自己的学习情况并得到相应的指导和帮助。在考核结束后，应尽快将考核结果以适当的方式通知学生，以便学生及时了解自己的学习情况和改进方向；还应提供详细的考核报告和评分细则，以便学生深入了解自己的得分情况和不足之处。对于学生对考核结果有异议或不满的情况，应提供便捷的申诉渠道和程序。在申诉过程中，应充分听取学生的意见和诉求，并进行认真调查和核实。对于确实存在问题的考核结果，应及时进行更正和补救，以确保考核的公平性和公正性。在反馈考核结果和处理申诉过程中，应关注学生的心理状态和情感需求。对于考核不理想或受到挫折的学生，应进行及时的心理疏导和鼓励，帮助他们调整心态、重拾信心，以积极的心态面对未来的学习和生活。

（三）考核与学分管理的关系

1. 学分获取与考核成绩的对应关系

学分获取与考核成绩的对应关系是第二课堂教学考核与学分管理的核心，这一关系不仅体现了教学评价的公正性与科学性，而且通过激励机制，促进了学生积极参与第二课堂活动，提高综合素质。学分获取与考核成绩的对应关系应明确且具体。高校应根据第二课堂活动的性质、难度及对学生综合素质提高的贡献程度，设定相应的学分分值。考核成绩作为学生参与第二课堂活动效果的直接体现，应成为获取学分的重要依据。一般而言，考核成绩优秀的学生应能够获得更多的学分，以此激励学生追求卓越，不断提升自我。

第二课堂教学活动的多样性要求考核评价方式也应多样化，包括但不限于作品展示、实践报告、口头汇报、团队合作表现等，每种评价方式都应设定相应的评分标准，确保评价的公正性和准确性。考核成绩还应综合考虑学生在活动中的参与度、创新能力、团队协作精神等多方面素质，以全面评价学生的综合表现。学分获取与考核成绩的对应关系应具有一定的灵活性，考虑到学生在第二课堂活动中的个体差异和兴趣差异，高校应允许学生在一定程度上根据自身兴趣和特长选择参与的活动，并根据考核结果获取相应的学分。这种灵活性不仅能够激发学生的学习兴趣和积极性，而且有助于培养学生的个性化和多元化发展。

2. 学分转换与认定的规则

学分转换与认定规则是第二课堂教学考核与学分管理的另一重要方

面，这一规则不仅促进了第一课堂与第二课堂的有机融合，而且通过资源整合，为学生的个性化发展提供了更多可能性。学分转换与认定规则应明确界定哪些第二课堂活动可以转换为学分，以及转换的标准和程序。一般而言，高校应鼓励学生参与具有挑战性、创新性和实践性的第二课堂活动，如科研项目、社会实践、文艺比赛等。这些活动不仅能够提高学生的综合素质，而且能够为第一课堂的学习提供有益的补充和拓展。对于这类活动，高校应设定相应的学分转换标准，并根据考核结果认定学分。

学分转换与认定规则应具有一定的灵活性。考虑到学生在第二课堂活动中的个体差异和兴趣差异，高校应允许学生在一定程度上根据自身兴趣和特长选择参与的活动，并根据考核结果和学分转换规则，将第二课堂活动的学分转换为第一课堂的相关课程学分。这种灵活性不仅能够激发学生的学习兴趣和积极性，而且有助于培养学生的个性化和多元化发展。学分转换与认定规则应注重资源整合与共享。高校应充分利用第二课堂活动资源，促进第一课堂与第二课堂的有机融合。例如，可以将第一课堂的专业知识应用于第二课堂活动中，提高学生的实践能力和创新能力；也可以将第二课堂活动的成果引入第一课堂，丰富教学内容和形式。通过这种资源整合与共享，不仅能够提高教学质量和效果，而且能够为学生的个性化发展提供更多可能性。

二、高校第二课堂教学评价及考核的改进策略

（一）完善评价体系与考核机制

1. 构建多元化、全过程的评价体系

当前，第二课堂教学评价往往侧重对结果的单一评价，而忽视了对学生学习过程、创新能力、团队协作等多方面的综合考量。因此，构建多元化、全过程的评价体系成为改进策略的首要任务。除了传统的教师评价外，还应鼓励学生自评、互评，以及引入行业专家、社会人士等外部评价主体，形成多元化的评价视角，确保评价的全面性和客观性。从第二课堂教学活动的策划、实施到总结反思，每一个阶段都应纳入评价范围，通过

课堂观察、作品展示、口头汇报、实践报告等多种形式，全面了解学生在活动中的表现，确保评价的准确性和公正性。此外，应注重对学生创新能力和团队协作精神的评价，通过设定创新项目、团队竞赛等评价方式，鼓励学生发挥创新思维，提高团队协作能力，为未来的职业发展奠定坚实的基础。

2. 建立科学、合理的考核机制

高校应根据第二课堂教学的特点和目标，制订明确的考核标准，确保考核的针对性和有效性；还应注重考核标准的可操作性和可量化性，以便对学生的学习成果进行客观评价。除了传统的考试、论文等考核方式外，还应引入项目评价、实践报告、口头汇报等多种考核方式，以适应不同类型第二课堂活动的需求，注重考核方式的灵活性和创新性，鼓励学生发挥创新思维，展现个性化学习成果。

此外，应注重考核结果的反馈与应用。高校应及时向学生反馈考核结果，帮助学生了解自己的学习情况和改进方向；还应将考核结果作为调整教学计划、优化教学内容的重要依据，促进第二课堂教学的持续改进。在建立科学、合理的考核机制过程中，还应注重考核的公正性和透明度。高校应建立严格的考核管理制度，明确考核程序、标准和要求，确保考核的公正性和透明度。同时，应注重考核数据的收集、整理和分析工作，为改进教育教学提供参考依据。

（二）加强评价结果的反馈与应用

1. 强化评价结果反馈的及时性与针对性

在当前的第二课堂教学评价及考核体系中，评价结果反馈的及时性与针对性往往被忽视，导致学生无法及时了解自己的学习成效，也无法根据反馈进行有针对性的改进。因此，强化评价结果反馈的及时性与针对性成为改进策略的首要任务。

高校应建立快速反馈机制，确保评价结果能够在第一时间传达给学生，要求评价系统具备高效的数据处理和分析能力，能够在活动或课程结束后迅速生成评价结果，并通过线上平台、邮件、短信等方式及时通知学生；还应鼓励学生主动查询评价结果，培养其自我反思和自主学习的能力。评价结果反馈应具有针对性，能够具体指出学生在哪些方面表现优秀、哪些方面需要改进，要求评价系统具备细化的评价标准和指标，能够对学生在知识掌握、技能运用、创新思维、团队协作等方面的表现进行全面而细致的评价。在反馈时，高校应是采用具体、明确的表述方式，帮助学生准确理解自己的优点和不足。

2. 深化评价结果的应用与持续改进

评价结果的应用与持续改进是第二课堂教学评价及考核体系的最终目标，只有将评价结果转化为实际行动，才能真正发挥评价的导向和激励作用，推动第二课堂教学的不断优化。高校应将评价结果作为学生个性化学习指导的重要依据。通过分析学生在不同活动或课程中的表现，高校可以了解学生的兴趣和特长，为其提供个性化的学习建议和资源推荐，有助于激发学生的学习动力，促进其全面发展。通过分析学生在评价中反映出的共性问题，高校可以发现教学中存在的不足和薄弱环节，从而有针对性地调整与优化教学内容和方法。例如，针对学生在创新思维方面的不足，高校可以增加创新项目和实践活动；针对学生在团队协作方面的不足，高校可以加强团队合作训练和沟通技能培训。

此外，评价结果还应作为教师绩效考核和教学改进的重要依据。通过对比不同教师在评价中的表现，高校可以了解教师的教学水平和教学效果，从而为其提供个性化的培训和发展建议。评价结果也可以作为教师晋升、评优等方面的参考依据，激励教师不断提升教学质量和水平。为了深化评价结果的应用与持续改进，高校应建立长效的跟踪与反馈机制，要求高校定期收集和分析评价结果数据，跟踪学生的学习进展和教师的教学改进情况，及时发现和解决问题。同时，高校还应鼓励学生和教师参与评价体系的改进与完善工作，形成良性循环和持续改进的机制。

（三）建立激励与约束机制

1. 构建多元化的激励机制，增强学生参与积极性

激励机制的建立是激发学生参与第二课堂教学积极性的关键。高校应通过构建多元化的激励机制，满足不同学生的需求，提升其参与第二课堂活动的内在动力。在物质激励方面，高校可以设立专项奖学金、助学金、

实践经费等，对在第二课堂活动中表现突出的学生给予经济上的奖励。在精神激励方面，高校可以通过表彰大会、荣誉证书、优秀事迹宣传等方式，对学生的优秀表现进行公开表彰，增强其荣誉感和成就感。

高校可以组织各类学科竞赛、创新创业大赛、文艺比赛等活动，通过竞争激发学生的求胜心和进取心，鼓励团队合作，通过团队竞赛、项目合作等方式，培养学生的团队协作精神和集体荣誉感。此外，建立个性化发展激励机制。高校应关注学生的个性化需求，提供多样化的第二课堂活动选择，鼓励学生根据自身兴趣和特长参与活动。对于在特定领域有突出表现的学生，高校可以提供个性化的学习指导和资源支持，帮助其实现个性化发展。

2. 完善约束机制，确保教学质量与学生参与度

约束机制的完善是保障第二课堂教学质量和学生参与度的必要手段。高校应通过制定明确的规则和标准，对第二课堂教学活动进行规范和管理，确保教学质量和学生参与度的提升。高校应对第二课堂教学活动的考勤进行严格管理，要求学生按时参加活动，对无故缺席、迟到早退等行为进行严肃处理，建立课堂纪律约束机制，要求学生遵守课堂纪律，尊重教师和同学，营造良好的学习氛围。

高校应根据第二课堂教学的特点和目标，制定明确的考核与评价标准，对学生的表现进行全面、客观的评价。评价标准应涵盖知识掌握、技能运用、创新思维、团队协作等多个方面，确保评价的全面性和准确性。此外，建立质量监控与反馈机制。高校应定期对第二课堂教学活动进行质量监控和评估，及时发现和解决教学中存在的问题，建立反馈机制，鼓励学生和教师提出意见与建议，促进教学活动的持续改进和优化。在完善约束机制的过程中，高校还应注重平衡激励与约束的关系，激励与约束是相互补充、相互促进的两个方面。高校在建立激励机制的同时，应确保约束机制的完善，防止学生因过度追求激励而忽视学习质量。同样，在完善约束机制的过程中，也应注重激发学生的内在动力，避免过度约束导致学生参与积极性下降。

第六章　高校第二课堂成绩单建设的数据分析及应用体系

第一节　高校内部的数据分析及运用

一、高校内部的数据分析与挖掘

（一）学生行为分析

1. 参与频率与时长分析

在高校第二课堂成绩单建设的过程中，对学生参与第二课堂活动的频率与时长进行深入分析，是理解学生行为模式、评估活动吸引力及效果的重要手段。这一分析旨在揭示学生在不同时间段、不同活动类型中的参与度，进而为优化第二课堂活动安排、提升学生参与体验提供数据支持。

参与频率是指学生在一定时间内参与第二课堂活动的次数。通过对参与频率的统计分析，可以直观地了解学生在第二课堂活动中的活跃度。一方面，高频次的参与可能反映出学生对第二课堂活动的浓厚兴趣和高度认可；另一方面，低频次的参与可能暗示着活动吸引力不足、时间安排不合理、学生参与度不高等问题。因此，高校应根据参与频率的分布情况，对第二课堂活动进行合理规划，如增加热门活动的频次、调整冷门活动的时间安排或内容设计，以吸引更多学生参与。

参与时长是指学生在单次第二课堂活动中投入的时间。与参与频率类似，参与时长也是衡量学生参与度的重要指标。通过对参与时长的分析，可以进一步了解学生在活动中的投入程度和持续性。较长的参与时长可能意味着学生在活动中获得了更多的学习机会和体验，较短的参与时长则可能反映出活动设计不够吸引人、内容不够丰富、学生兴趣不高等问题。因此，高校应根据参与时长的数据，对第二课堂活动的内容、形式和时间安排进行优化，如增加互动环节、丰富活动内容、合理安排活动时间等，以提升学生的参与体验和满意度。

2. 活动偏好分析

活动偏好分析是了解学生在第二课堂活动中兴趣点的重要途径，也是实现活动个性化与精准化设计的基础。通过对学生在不同活动类型中的参与度、满意度和反馈意见进行分析，可以揭示学生的兴趣偏好和需求特点，为高校优化第二课堂活动安排、提升学生参与度提供有力的支持。

不同类型的第二课堂活动（创新创业、社会实践、志愿服务、文艺体育等）对学生的吸引力存在差异。通过对学生在不同活动类型中的参与度进行分析，可以揭示学生的兴趣偏好。例如，某些学生可能对创新创业活动表现出较高的兴趣，另一些学生则可能更偏爱文艺体育活动。基于这些偏好信息，高校可以针对不同学生的需求，设计更加个性化、精准化的第二课堂活动，以满足学生的多元化发展需求。除了活动类型外，活动内容的吸引力也是影响学生参与度的关键因素。通过对学生在不同活动内容中的参与度、满意度和反馈意见进行分析，可以揭示学生的兴趣点和需求特点。例如，某些学生可能对科技创新类活动表现出较高的兴趣，另一些学生则可能更关注社会热点问题。基于这些偏好信息，高校可以进一步优化第二课堂活动的内容设计，如增加科技创新类活动的比重、引入社会热点话题等，以提升活动的吸引力和学生的参与度。

（二）学习效果评估

1. 知识掌握情况分析

在高校第二课堂成绩单建设的框架内，对学生知识掌握情况的分析是评估学习效果的核心环节之一。这一分析过程旨在通过量化与质化相结合的方式，全面考查学生在参与第二课堂活动后，对于特定领域或主题的知识理解深度、广度及应用能力的变化。知识掌握情况的分析不仅关乎学生个人学术成长，而且是衡量第二课堂活动教育价值的关键指标。

通过设计科学合理的测试或问卷，收集学生在活动前后对于关键知识点的掌握程度数据，这些测试可以包括选择题、填空题、简答题等多种形式，以全面评估学生的知识记忆、理解和应用能力。通过对比活动前后的测试成绩，可以直观地反映出学生在知识掌握上的进步与不足。此外，还可以利用统计软件对数据进行深入分析，如计算平均分、标准差、增长率等，以更精确地量化学生的知识掌握情况。除了量化数据外，质化分析同样重要，包括观察学生在课堂讨论、项目汇报、作品展示等环节中的表现以及收集学生的反思日志、学习心得等文本资料。通过这些质化数据，可以深入了解学生对于知识的内化程度、思维方式的转变、问题解决能力的提高。质化分析有助于揭示量化数据背后更深层次的学习机制，为教学改进提供更为丰富的信息。

2. 技能提升程度评估

技能提升程度评估是高校第二课堂成绩单建设中学习效果评估的另一重要维度，侧重考查学生在参与第二课堂活动后，实践操作能力、团队协作能力、创新思维等综合素质的提高情况。技能提升程度的评估对于促进学生全面发展、提升就业竞争力具有重要意义。

第二课堂活动往往为学生提供了大量实践操作的机会，如实验操作、项目制作、社会实践等。通过对比学生在活动前后的实践操作能力，可以评估其技能提升的程度，可以通过观察学生在实践中的表现、收集其作品或成果进行评价，或者通过学生自评、互评、教师评价等多维度的方式进行综合评估。实践操作能力的提高不仅体现了学生将理论知识转化为实际能力的能力，而且是其未来职业发展的重要基础。除了实践操作能力外，第二课堂活动还注重培养学生的团队协作能力、创新思维、问题解决能力等综合素质，这些能力的提高往往难以通过单一的量化指标进行衡量，因此需要采用更加综合的评估方法。例如，可以通过观察学生在团队项目中的角色扮演、贡献度、团队合作情况，评估其团队协作能力；通过分析学生的创新作品、解决方案、创意提案，评估其创新思维和问题解决能力。此外，还可以收集学生的自我评价、同伴评价、教师的综合评价，以形成对学生综合素质提高的全面认识。

（三）活动效果评估

1. 参与人数与反馈分析

在高校第二课堂成绩单建设的实践中，对活动效果进行准确评估是确保教育质量、优化资源配置的重要依据。其中，参与人数与反馈分析作为活动效果评估的两大核心要素，对于理解活动的普及程度、学生满意度、潜在改进空间具有不可替代的作用。

参与人数是衡量活动吸引力和影响力最直接的指标。通过统计各场活动的报名人数、实际到场人数、参与者的构成（年级、专业分布），可以直观地反映出活动的受欢迎程度及覆盖范围。高参与人数通常意味着活动主题贴近学生兴趣、宣传到位、奖励机制有效，低参与人数则可能提示活动设计需调整、时间安排不合理、宣传不足。此外，分析参与人数的变化趋势，还能帮助高校识别活动的生命周期，及时调整策略以维持活动的长期吸引力。

学生反馈是评估活动效果不可或缺的一环，直接反映了活动参与者的主观感受和满意度。通过问卷调查、小组讨论、个别访谈等多种形式收集学生意见，可以深入了解学生对活动内容、形式、组织、讲师等方面的评价。正面反馈是活动成功的标志，负面反馈则是改进活动的宝贵资源。高校应建立有效的反馈机制，鼓励学生真诚表达意见，同时，利用文本分析、情感分析等技术手段，对反馈数据进行深度挖掘，提炼出改进活动的具体建议。

2. 活动吸引力与效果评价

活动吸引力与效果评价是活动效果评估的深层次分析，旨在从活动本身的设计、实施到其对学生学习、成长乃至社会影响的全面审视。活动吸引力不仅体现在参与人数的多少，而且体现在活动能否激发学生的内在动机，促进其主动学习。在评价活动吸引力时，需考虑活动的创新性、实用性、互动性等多个维度。创新性体现在活动主题的新颖性、教学方法的先进性；实用性关乎活动内容与学生实际需求、未来职业发展的关联度；互动性强调活动过程中学生之间的交流合作、师生之间的互动反馈。通过构建多维度的评价指标体系，可以全面评价活动的吸引力，指导未来活动的创新设计。

活动效果评价关注的是活动对学生知识、技能、态度等方面的实际影响，包括学生知识结构的拓展、专业技能的提升、团队协作能力的提高、创新思维的激发等。评价活动效果时，应采用定量与定性相结合的方法，如通过前后测对比、作品展示、项目报告等方式，客观评价学生的成长变化。同时，还应关注活动的长远影响，如学生对所学知识的持续应用、对特定领域的兴趣保持、对社会责任感的增强等，这些都是衡量活动效果的重要指标。

二、高校内部的数据应用与决策支持

（一）个性化学习指导

1. 学习建议与资源推荐

在第二课堂成绩单的建设过程中，通过收集和分析学生在各类活动中的表现数据，如参与度、成绩、兴趣偏好等，可以构建学生的个性化学习画像。基于这一画像，高校可以为学生提供定制化的学习建议。例如，对于在创新创业活动中表现突出的学生，可以推荐其参加更高级别的创业竞赛、加入创新实验室或创业孵化器等资源，进一步激发其创新创业潜能；对于在志愿服务中表现积极的学生，则可以引导其关注社会热点问题，参与相关社会实践或公益活动，培养其社会责任感和公民意识。

在个性化学习指导中，智能资源推荐系统扮演着重要角色。通过整合校内外优质教育资源，如在线课程、电子图书、学术讲座、实践基地等，结合学生的个性化学习需求，智能资源推荐系统可以为学生提供精准的学习资源匹配。例如，对于对人工智能感兴趣的学生，系统可以自动推荐相关的在线课程、学术论文、行业报告、实践机会，帮助学生在该领域深入学习。此外，智能资源推荐系统还可以根据学生的学习进度和反馈，动态调整推荐内容，确保资源的时效性和针对性。

2. 学习路径规划

在第二课堂成绩单的数据支持下，高校可以帮助学生规划个性化学习路径，包括根据学生的兴趣、能力、职业规划等因素，设计一系列有序、连贯的学习活动和实践机会，以促进学生的全面发展。例如，对于有志于从事科学研究的学生，可以规划一条从基础理论学习、科研项目参与、学术论文发表到学术竞赛获奖的学习路径；对于希望提升职业技能的学生，则可以设计一条从职业技能培训、实习实践、职业资格证书获取到职业岗位对接的成长路径。个性化学习路径规划有助于学生在有限的时间内，高效、有针对性地提升自我。

在个性化学习路径规划的过程中，数据分析为决策提供了重要支持。通过对学生学习数据、活动数据、就业数据等多维度数据的综合分析，高校可以识别出不同学生群体的学习特点和成长规律，为学习路径规划提供科学依据。例如，通过对比不同专业、年级学生的学习成绩和活动参与度，可以发现某些专业或年级的学生在特定领域的学习需求更为迫切，从而调整相关学习资源和活动安排；通过分析就业数据，可以了解市场对不同专业人才的需求变化，为学生职业规划提供前瞻性指导。

（二）资源配置与管理

1. 资源需求与偏好分析

在第二课堂成绩单的建设过程中，高校应充分利用现代信息技术手段，收集和分析学生在第二课堂活动中的多维度数据，包括参与活动的类型、频率、时长、成绩、反馈等。通过对这些数据的深入挖掘，可以精准识别不同学生群体在第二课堂资源方面的需求与偏好。例如，某些学生可能对创新创业类活动表现出浓厚的兴趣，另一些学生更偏好于志愿服务或文化艺术类活动。这种基于数据的资源需求与偏好分析，为高校提供了优化资源配置的科学依据。在识别学生资源需求与偏好的基础上，高校还可以运用机器学习等先进的数据分析技术，构建个性化资源需求预测模型。通过对历史数据的学习，该模型能够预测未来一段时间内学生在第二课堂资源方面的需求变化趋势，从而为高校提前规划、调配资源提供决策支持。例如，如果预测到未来一段时间内创新创业类活动将受到更多学生的欢迎，高校就可以提前增加相关活动的数量，提升相关活动的质量，以满足学生的需求。

2. 资源合理配置与管理

在明确学生资源需求与偏好的基础上，高校应制订基于数据的资源分配策略，以实现资源的合理配置，包括根据活动的受欢迎程度、预期效果、成本效益等因素，科学规划第二课堂活动的数量和规模；根据学生参与活动的实际情况，动态调整活动时间和地点，以提高资源的利用效率。例如，对于参与度高、效果显著的活动，高校可以加大投入力度，提供更多的资源和支持；对于参与度低、效果不佳的活动，则可以考虑进行调整或优化。为了进一步提高资源管理的效率，增强资源管理的准确性。高校应积极推动智能化资源管理系统建设，该系统能够实现对第二课堂活动资源的全流程管理，包括资源的采购、入库、分配、使用、回收等环节。通过智能化管理系统，高校可以实时掌握资源的状态和使用情况，为资源的合理调配和高效利用提供技术支持。例如，系统可以根据活动的实际需求，自动分配所需资源，并在活动结束后自动回收资源，以减少人工干预和资源浪费。

（三）学生管理与服务

1. 学生需求与问题把握

在第二课堂成绩单的建设过程中，高校应收集和分析学生在各类活动中的表现数据，如参与频率、成绩分布、兴趣偏好等，以多维度、多层次地了解学生的需求和问题。这些数据不仅能够反映学生在知识、技能、兴趣等方面的差异，而且能够揭示学生在学习、生活、心理等方面可能面临的挑战。通过数据分析，高校能够更精准地把握学生需求，为制订针对性的管理与服务策略提供科学依据。在识别学生需求的基础上，高校还应利用数据技术建立动态监测与预警机制，及时发现并解决学生在第二课堂活动中遇到的问题。例如，通过监测学生在特定活动中的参与度和成绩变化，高校可以识别出学习困难或兴趣减退的学生，并及时提供辅导或调整活动安排。此外，通过分析学生在活动中的反馈和互动数据，高校还能了解学生对管理与服务的需求和期望，从而不断改进和优化服务流程。

2. 个性化管理与服务提供

基于对学生需求与问题的精准把握，高校可以为学生提供定制化的管理与服务方案，包括根据学生的兴趣、能力和职业规划，设计个性化的第二课堂活动安排；根据学生在活动中的表现和需求，提供个性化的学习资源和辅导支持；根据学生的心理健康状况和生活习惯，提供个性化的心理辅导和生活指导等。通过定制化管理与服务方案，高校能够更好地满足学生的个性化需求，促进其全面发展。为了进一步提高管理与服务的效率，高校应积极推动智能化管理与服务平台建设。该平台能够整合学生在第二课堂活动中的各类数据资源，通过智能算法和数据分析技术，为学生提供个性化的管理与服务。例如，通过智能推荐系统，平台可以根据学生的兴趣和能力推荐适合的第二课堂活动；通过智能辅导系统，平台可以根据学生的学习进度和需求提供个性化的学习资源与辅导支持；通过智能预警系统，平台可以及时发现并处理学生在活动中遇到的问题和挑战。通过智能化管理与服务平台，高校能够为学生提供更加便捷、高效、个性化的管理与服务体验。

第二节　高校间的数据分析及应用

一、高校间数据共享机制

（一）数据共享标准与协议

1. 数据共享标准

数据共享标准是指高校间在共享第二课堂成绩单数据时应遵循的一系列规范和要求，旨在确保数据的一致性、可比性和互操作性。数据共享标准的制定对于提高数据共享的效率和质量至关重要。数据共享标准应明确数据的格式和编码规范，包括数据的存储格式（CSV、XML、JSON等）、数据编码方式（UTF-8）、数据元素的命名规则等。通过统一的数据格式与编码规范，可以确保不同高校之间的数据能够无缝对接，减少数据转换和处理的工作量。

数据共享标准还应详细定义第二课堂成绩单应包含的数据内容和结

构，包括学生的基本信息（姓名、学号、专业等）、活动参与记录（活动名称、时间、地点、成绩等）、评价与反馈等。通过明确数据内容与结构定义，可以确保不同高校之间的数据具有一致性和可比性，为数据分析与应用提供可靠的基础。数据共享标准还应对数据的质量和安全性提出明确要求，包括数据的完整性、准确性、时效性，以及数据的加密传输和存储等。通过确保数据的质量和安全性，可以保障数据共享活动的合法性和合规性，防止数据泄露和滥用。

2. 数据共享协议

数据共享协议是指高校间在共享第二课堂成绩单数据时应遵循的一系列约定和承诺，旨在明确数据共享的权利与义务，保障数据共享活动的顺利进行。数据共享协议的制订对于确保数据共享的合法性、透明度和可持续性具有重要意义。数据共享协议应明确数据共享的范围和目的，包括哪些数据可以共享、哪些数据需要保密，以及数据共享的具体用途等。通过明确数据共享范围和目的，可以确保数据共享活动符合法律法规和高校间的共同利益。

数据共享协议还应规定数据共享的具体方式和流程，包括数据的传输方式（网络传输、物理介质传输等）、数据接收方的处理权限和责任、数据共享的频率和周期等。通过明确数据共享方式与流程，可以确保数据共享活动的有序进行，减少数据共享过程中的风险和纠纷。数据共享协议应特别强调数据安全与隐私保护的重要性，包括数据的加密传输和存储、数据访问的权限控制、数据泄露和滥用的应急处理措施等。通过确保数据安全与隐私保护，可以保障数据共享活动的合法性和合规性，维护高校和学生的合法权益。数据共享协议还应规定争议解决与违约责任的相关条款，包括争议解决的方式和程序、违约责任的承担方式、赔偿标准等。通过明确争议解决与违约责任，可以为数据共享活动提供法律保障，促进高校间的诚信合作。

（二）数据共享平台构建

1. 数据共享平台的架构设计与实现机制

数据共享平台的架构设计与实现机制是确保平台高效、稳定运行的基础。在架构设计上，需充分考虑平台的可扩展性、易用性和安全性。平台应采用分布式架构，利用云计算、大数据处理等技术，实现数据的高效存储、处理和共享。前端界面应设计得直观易用，提供丰富的交互功能和操作指引，降低用户的学习成本。同时，后端系统应采用微服务架构，将不同功能模块拆分为独立的服务，增强系统的可扩展性和可维护性。在数据采集方面，平台需支持从各高校获取第二课堂成绩单数据，并进行清洗、转换和整合，确保数据的一致性和完整性。数据共享接口应设计得灵活多样，支持RESTful API、WebService等多种方式，以满足不同高校的数据共享需求。此外，平台还应提供丰富的数据分析工具，支持用户对数据进行深度挖掘和分析，为教育决策和教学改革提供有力的支持。

2. 数据管理与安全保障策略

数据管理与安全保障策略是确保平台数据质量、保护用户隐私和维护系统安全的关键。在数据管理方面，平台需建立统一的数据标准和规范，包括数据格式、编码规则、命名约定等，以确保各高校上传的数据能够无缝对接和共享；还需建立数据质量监控体系，对数据进行实时监控和定期审计，确保数据的准确性、完整性和一致性。为了保护用户隐私，平台需对涉及个人隐私的数据进行脱敏处理或匿名化处理，并建立用户投诉与申诉机制，对用户隐私保护问题进行及时响应和处理。在安全保障策略方面，平台需采用多种技术手段，确保数据在传输和存储过程中的安全性。例如，采用SSL/TLS协议对数据传输进行加密，防止数据在传输过程中被截获或篡改；采用分布式存储方案，利用哈希分片、副本机制等技术，实现数据的高效存储和访问，提高数据的容灾能力。此外，平台还需部署防火墙和入侵检测系统，对外部攻击和内部违规操作进行实时监控与防御，确保平台的安全运行。

二、跨校数据分析与比较

（一）学生综合素质对比分析

1. 数据共享与整合机制

数据共享与整合是实现高校间第二课堂成绩单学生综合素质对比分析

的基础，需要建立一套统一的数据标准和规范，以确保各高校上传的第二课堂成绩单数据具有可比性和一致性。这些标准应涵盖数据格式、编码规则、命名约定等方面，确保数据在采集、处理、存储和共享过程中的准确性与完整性。构建跨校数据共享平台是实现数据整合的关键。该平台应支持各高校上传和共享第二课堂成绩单数据，并提供数据清洗、转换和整合功能，以消除数据冗余、不一致和缺失等问题。通过采用云计算、大数据处理等先进技术，平台能够高效地存储、处理和共享海量数据，为后续的综合素质对比分析提供坚实的数据基础。

在数据共享与整合过程中，还需注重数据隐私保护和安全性。各高校应严格遵守相关法律法规，对学生个人信息进行脱敏处理或匿名化处理，确保数据在共享过程中不会泄露学生隐私。同时，建立严格的数据访问控制机制，限制非授权用户对数据的访问和操作，防止数据被非法利用或篡改。此外，跨校数据共享平台还应具备完善的安全保障措施，如数据加密传输、防火墙防护、入侵检测等，以确保数据在传输和存储过程中的安全性。

2. 综合素质对比分析模型与方法

综合素质对比分析模型与方法是实现高校间第二课堂成绩单学生综合素质对比分析的核心，需要构建一套科学合理的综合素质评价指标体系。该体系应涵盖学生的创新能力、团队协作、社会实践、领导力、文化素养等多个方面，以全面反映学生的综合素质。在构建指标体系时，应充分考虑各高校的教育特色和学生特点，确保评价指标的针对性和实用性。

采用多元统计分析方法对数据进行对比分析，这些方法包括聚类分析、因子分析、回归分析等，能够深入挖掘数据背后的规律和模式，揭示不同高校间学生综合素质的差异和共性。例如，通过聚类分析可以将具有相似综合素质特点的学生群体划分出来，为高校提供有针对性的教育指导和支持；通过因子分析可以提取影响学生综合素质的关键因素，为教育改革和优化提供科学依据。此外，还可以利用可视化技术将对比分析结果以图表、图像等形式呈现出来，使结果更加直观易懂。这些可视化结果不仅有助于高校了解本校学生的综合素质情况，而且能为教育决策者提供直观的数据支持，促进教育资源的优化配置和教育公平的实现。

（二）教学效果与资源利用对比分析

1. 跨校教学效果对比

从教学内容与方法上看，第二课堂成绩单反映了各高校在课外活动组织、创新能力培养、社会实践等方面的差异。通过对比分析，可以识别出哪些教学方法和活动形式更能有效提高学生的综合素质与创新能力。例如，某些高校可能注重科研项目的参与，另一些高校可能更注重社会实践和志愿服务。这种对比有助于高校之间相互学习、借鉴经验，共同提升教学质量。

从学生学习成果上看，第二课堂成绩单记录了学生在各类活动中的表现和成就，如获奖情况、发表论文、参与社会实践等。通过跨校对比，可以评估不同高校在培养学生综合素质方面的成效。这种对比不仅能够揭示高校之间的差异，而且能够为教育决策者提供科学依据，指导高校优化教学资源配置，提升教学质量。例如，对于在某方面表现突出的高校，可以进一步挖掘其成功经验，并推广到其他高校中。跨校教学效果对比还需要考虑不同高校的教育背景、学生特点等因素。由于各高校在办学理念、专业设置、学生来源等方面存在差异，因此，在对比分析时应充分考虑这些因素的影响，以确保对比结果的准确性和可靠性。

2. 资源利用优化

从资源配置上看，各高校在课外活动组织、师资力量、经费投入等方面存在差异。通过对比分析，可以识别出哪些资源对于提升教学质量和提高学生综合素质更为重要。例如，某些高校可能注重科研设备的投入，另一些高校可能更注重师资力量的建设。这种对比有助于高校根据自身情况，合理配置资源，提高资源利用效率。

从资源利用效率上看，第二课堂成绩单反映了各高校在课外活动组织、学生参与度等方面的差异。通过跨校对比，可以评估不同高校在资源利用上的成效，发现资源利用中的不足和问题。例如，某些高校可能存在资源浪费或资源利用不充分的情况；另一些高校则能够高效利用资源，提升教学质量。这种对比有助于高校优化资源利用策略，提高资源利用效率。

资源利用优化还需要考虑不同高校的实际情况和需求。由于各高校在办学理念、专业设置、学生特点等方面存在差异，因此，在优化资源配置和利用策略时应充分考虑这些因素的影响，以确保资源利用的科学性和有效性。同时，跨校合作也是优化资源配置和利用的重要途径。通过加强校际间的合作与交流，可以共享优质资源，提高资源利用效率，促进高等教育质量的整体提升。

三、高校间协同合作与发展

（一）资源共享与互补

1. 协同合作机制构建与资源共享平台搭建

高校间第二课堂成绩单建设的协同合作需要构建一套有效的协同合作机制。这一机制应涵盖信息共享、资源调配、成果互认等多个方面，以确保各高校在第二课堂成绩单建设中能够形成合力，共同提升教育质量，提高学生综合素质。信息共享是协同合作的基础，各高校应定期交流第二课堂成绩单建设的经验和成果，分享优秀的教学案例和活动组织形式，以促进知识共享和经验交流。资源调配是指各高校应根据自身优势和特色，合理调配教学资源，避免资源浪费和重复建设。例如，一些高校可能在科研项目方面具有优势，其他高校则在社会实践或志愿服务方面表现突出，通过资源调配可以实现优势互补，共同提升第二课堂成绩单的质量。

在协同合作机制构建的基础上，搭建资源共享平台是实现资源共享与互补的关键。这一平台应支持各高校上传和共享第二课堂成绩单数据，提供数据清洗、整合和分析功能，以便各高校能够充分利用这些数据来优化教学资源配置和提升教学质量。同时，资源共享平台还应具备课程项目发布、活动组织、成果展示等功能，为各高校提供一个展示自身特色和优势、吸引其他高校参与合作的窗口。通过这一平台，各高校可以共同开发优质课程项目，组织跨校活动，实现资源共享和互补，共同提升第二课堂成绩单的影响力和价值。

2. 互补性资源利用与协同发展策略

互补性资源利用是指各高校应根据自身优势和特色，充分利用其他高校的优质资源来补充自身不足，以实现资源共享和互补。例如，一些高校可能在师资力量方面较为薄弱，其他高校则拥有丰富的教学经验和优秀的教师队伍，通过互补性资源利用可以实现师资力量的共享和提升。此外，各高校还可以利用互补性资源共同开发优质课程项目，组织跨校活动，提升第二课堂成绩单的质量和价值。

协同发展策略的制订是实现高校间第二课堂成绩单建设协同合作的重要保障，这一策略应涵盖目标设定、路径规划等多个方面。各高校应共同设定明确的发展目标，明确第二课堂成绩单建设的方向和重点，规划清晰的协同发展路径，明确各自在协同合作中的角色和职责，以及实现资源共享和互补的具体措施。各高校也应积极争取政策支持和经费投入，为第二课堂成绩单建设的协同合作提供有力的支持。

（二）联合活动组织与管理

1. 联合活动组织与管理机制构建

高校间第二课堂成绩单建设的协同合作体现在联合活动的组织与管理上。为了有效推动这一进程，需要构建一套完善的联合活动组织与管理机制。这一机制应涵盖活动规划、资源整合、任务分配、执行监督、成果评估等多个环节，确保联合活动能够顺利、高效地开展。

在活动规划阶段，各高校应根据自身的教育特色和资源优势，共同商讨并确定联合活动的主题、目标、内容及形式。通过充分沟通与协商，确保联合活动能够充分反映各高校的需求和期望，同时又能实现资源的有效整合与利用。此外，活动规划还应考虑到学生的参与意愿和兴趣点，确保联合活动能够吸引更多学生的参与和关注。

在资源整合阶段，各高校应充分利用各自的资源优势，如师资力量、教学设施、活动场地等，为联合活动提供有力的支持。通过资源的有效整合与利用，可以降低活动成本，提升活动质量，同时又能实现资源的共享与互补。

在任务分配与执行监督阶段，各高校应根据自身的专业特长和能力范围，明确各自在联合活动中的角色和职责。通过合理的任务分配，可以确保每个环节都能得到专业、高效的处理，建立有效的执行监督机制，对活动的进展情况进行实时跟踪和反馈，确保活动能够按照计划顺利推进。

在成果评估阶段，各高校应共同对联合活动的效果进行评估和总结。通过评估活动对学生综合素质的提高、教学资源的优化配置、高校间合作关系的深化等方面的影响，为今后的联合活动提供有益的参考和借鉴。

2. 协同合作下的活动创新与资源共享

高校间第二课堂成绩单建设的协同合作不仅体现在联合活动的组织与管理上，而且体现在活动创新与资源共享方面。通过协同合作，各高校可以共同探索新的活动形式和内容，为学生提供更加丰富、多元的学习和实践机会。

在活动创新方面，高校间可以共同研发具有创新性和实用性的第二课堂活动项目。这些项目可以涵盖科研创新、社会实践、志愿服务、文艺体育等多个领域，旨在提高学生的综合素质和创新能力。通过协同合作，各高校可以共享创新成果，互相借鉴经验，共同推动第二课堂活动的创新与发展。

在资源共享方面，高校间可以建立资源共享机制，实现教学资源、活动场地、师资力量等方面的共享与互补。通过资源共享，可以降低各高校在第二课堂成绩单建设方面的成本投入，提高资源利用效率。资源共享还能促进高校间的交流与合作，增强彼此之间的信任和友谊，为今后的协同合作奠定坚实的基础。此外，高校间还可以建立联合评价机制，对第二课堂成绩单的建设情况进行定期评估和总结。通过评估，可以及时发现和解决问题，推动第二课堂成绩单建设的持续改进和优化。联合评价机制还能促进高校间的相互学习和借鉴，共同提升第二课堂成绩单的质量和水平。

第三节 产学间的数据分析及应用

一、产学间数据分析在第二课堂成绩单建设中的应用

（一）数据收集与预处理

1. 数据来源与类型

在第二课堂成绩单建设的过程中，数据收集与预处理是确保数据分析准确性和有效性的关键步骤。产学间数据分析的应用要求从更广阔的视角出发，整合来自高校和企业双方的多元化数据资源。

数据来源的多元化是确保数据分析深度和广度的基础。高校内部的数据来源主要包括学生的基本信息（姓名、学号、专业等）、学习成绩、参与第二课堂活动的记录、获奖情况、社会实践经历等，这些数据通常存储在高校的教务管理系统、学生信息管理系统及各类活动中。此外，高校还可以通过问卷调查、访谈等方式收集学生对第二课堂活动的反馈和评价，这些数据能够更直观地反映学生的参与体验和收获。

企业作为产学合作的另一方，其数据来源更加侧重市场需求、人才评价等方面。企业可以通过市场调研、员工反馈、招聘数据分析等方式收集相关数据。例如，企业可以分析招聘过程中对应聘者综合素质的要求，从而评估高校第二课堂成绩单在人才培养方面的有效性；也可以提供毕业生的工作表现反馈，为高校改进第二课堂成绩单提供实证依据。除了上述直接来源的数据外，还可以考虑利用互联网和社交媒体等渠道收集间接数据。例如，通过社交媒体分析，可以了解学生在第二课堂活动中的互动情况、情感倾向等，这些数据对于评估活动的吸引力和参与度具有重要意义。在数据类型方面，除了传统的结构化数据（数字、日期等）外，还应重视非结构化数据（文本、图像、视频等）的收集与利用。非结构化数据往往蕴含着丰富的信息，通过文本挖掘、图像识别等技术手段，可以将其

转化为可用于分析的结构化数据。

2. 数据清洗与整合

在收集到多元化的数据后，数据清洗与整合成为确保数据分析质量的关键步骤。产学间数据分析在第二课堂成绩单建设中的应用，要求在数据清洗与整合过程中充分考虑数据的来源、格式和质量差异。

数据清洗是确保数据准确性和一致性的基础。在清洗过程中，需要识别并处理缺失值、异常值、重复记录等问题。缺失值处理可以采用填充、删除或插值等方法；异常值需要根据具体情况判断其是否为错误数据，并进行相应的修正或删除。对于重复记录，则需要进行去重操作，以确保数据的唯一性。在产学间数据分析的背景下，数据格式和质量差异是数据整合过程中需要重点考虑的问题。不同来源的数据可能采用不同的格式和标准，因此需要进行格式转换和标准化处理。例如，将不同时间格式的数据统一转换为标准时间格式，将不同编码方式的文本数据转换为统一编码格式等。此外，还需要对数据质量进行评估和监控，确保数据的完整性和可靠性。

数据整合是将清洗后的数据按照一定的逻辑关系进行合并和组织，以形成可用于分析的数据集。在产学间数据分析中，数据整合可能涉及高校内部数据与企业数据的关联和匹配。例如，可以通过学生学号或身份证号等唯一标识符将学生的基本信息、学习成绩、参与第二课堂活动的记录等数据与企业的招聘数据、员工反馈数据进行关联，从而实现跨源数据的整合和分析。为了确保数据清洗与整合的效果，还需要建立数据质量检查机制。该机制应包括数据完整性检查、准确性检查、一致性检查和可用性检查等方面。通过定期的数据质量检查，可以及时发现并处理数据中的问题，确保数据分析的准确性和可靠性。

（二）数据分析方法与技术

1. 统计分析方法

统计分析方法是数据分析中最基础也是应用最广泛的方法之一。在第二课堂成绩单建设中，统计分析方法主要用于描述性统计和推断性统计两个方面。

描述性统计通过对数据的整理、归纳和描述，揭示数据的基本特征和分布规律。例如，可以计算学生在第二课堂活动中的参与率、获奖比例、平均学分绩点等指标，以了解学生在第二课堂中的整体表现。同时，还可以利用图表（柱状图、折线图、饼图等）直观地展示数据特征，便于理解和比较。

推断性统计基于样本数据对总体特征进行推断。在第二课堂成绩单建设中，可以利用推断性统计方法评估第二课堂活动对学生综合素质的影响程度。例如，可以通过假设检验比较参与第二课堂活动的学生与未参与学生在学习成绩、社会实践能力等方面的差异是否显著；也可以通过方差分析探究不同类型第二课堂活动对学生综合素质的影响是否存在差异。

在产学间数据分析中，统计分析方法还可以用于比较高校与企业对人才评价标准的差异。例如，可以通过相关性分析探究高校学业成绩与企业对毕业生综合素质评价之间的相关性程度，从而为高校改进人才培养模式提供实证依据。

2. 数据挖掘技术

数据挖掘技术是一种从大量数据中提取有用信息和知识的过程。在第二课堂成绩单建设中，数据挖掘技术可以用于发现数据中的隐藏模式、关联规则等，从而为教学管理和人才培养提供新的视角与思路。

关联规则挖掘是数据挖掘技术中常用的一种方法，通过分析数据项之间的关联性，发现数据中的有趣模式和规律。在第二课堂成绩单建设中，可以利用关联规则挖掘探究不同类型第二课堂活动之间的关联性，以及这些活动与学生学习成绩、综合素质之间的潜在联系。例如，可以发现参与某些特定类型第二课堂活动的学生在学业成绩或社会实践能力方面表现得更为优秀，从而为高校优化第二课堂活动设置提供参考。

聚类分析是另一种常用的数据挖掘技术。通过将数据对象划分为若干组或簇，使得同一簇内的对象相似度较高，而不同簇间的对象相似度较低。在第二课堂成绩单建设中，可以利用聚类分析对学生进行分类，以发现具有相似特征或行为模式的学生群体。这有助于高校更好地了解不同学生的需求和特点，从而为他们提供更加个性化的指导和支持。

3. 机器学习算法应用

机器学习算法是一种通过让计算机自动学习数据中的规律和模式，从而实现数据分析和预测的方法。在第二课堂成绩单建设中，机器学习算法的应用可以极大地提高数据分析的效率，增强数据分析的准确性，同时发现更多传统方法难以捕捉的规律和模式。

分类算法是机器学习中最常用的一类算法，通过对已知类别的数据进行学习，训练出一个分类模型，用于预测新数据的类别。在第二课堂成绩单建设中，可以利用分类算法对学生综合素质进行评价和预测。例如，可以将学生的基本信息、学习成绩、参与第二课堂活动的记录等数据作为输入特征，将学生的综合素质评价结果作为输出类别，训练出一个分类模型；然后利用该模型对新入学的学生进行综合素质预测，为高校制订个性化培养方案提供参考。

回归算法则用于预测连续型变量。在第二课堂成绩单建设中，可以利用回归算法预测学生在未来一段时间内的学习成绩或综合素质发展趋势。例如，可以基于学生过去的学习成绩和参与第二课堂活动的记录等数据，训练出一个回归模型，用于预测学生在未来一个学期或一年内的学习成绩或综合素质得分。这有助于高校及时发现学生的学习问题并采取相应措施进行干预。

此外，机器学习算法还可被用于推荐系统的构建。在第二课堂成绩单建设中，可以利用学生的历史行为数据（参与过的第二课堂活动、感兴趣的领域等）和相似学生的行为数据（具有相似特征或行为模式的学生参与的活动）来构建推荐系统。该系统可以为学生推荐他们可能感兴趣的第二课堂活动或资源，从而增强他们的参与度和满意度。

二、产学间数据应用在第二课堂成绩单建设中的实践

（一）产学合作项目的数据分析需求

1. 企业对人才的需求分析

在产学合作项目中，企业对人才的需求分析是确保人才选拔精准性的

关键。通过数据分析，企业可以更全面地了解高校学生的综合素质和实践能力，从而选拔出符合企业需求的人才。

企业可以通过分析学生在第二课堂成绩单中的表现，评估其综合素质和实践能力。第二课堂成绩单通常包括学生在社会实践、科研活动、文化艺术等综合性活动中的表现，这些活动往往能够体现学生的沟通能力、团队合作能力、独立思考能力等多方面的能力。通过数据分析，企业可以量化这些能力指标，从而更准确地评估学生的综合素质和实践能力。企业还可以结合第一课堂成绩单和学生在第二课堂中的表现，进行综合分析。第一课堂成绩单主要反映学生的专业知识掌握情况，第二课堂成绩单更侧重学生的综合素质和实践能力。通过综合分析，企业可以更全面地了解学生的学习情况和实践能力，从而选拔出既具备专业知识又具备实践能力的人才。

此外，企业还可以利用数据分析手段，对市场需求和人才供给进行预测。通过分析历史数据和市场趋势，企业可以预测未来一段时间内对某一类型人才的需求情况，从而提前制订人才选拔和培养计划；还可以与高校合作，共同开展人才需求分析研究，为高校人才培养方案的制订提供参考。在产学合作项目中，企业对人才的需求分析不仅有助于精准选拔人才，而且能够促进高校与企业之间的深度合作。通过数据分析，企业可以更全面地了解高校学生的综合素质和实践能力，从而更有针对性地与高校开展人才培养、科学研究等方面的合作。同时，高校也可以通过数据分析，更准确地了解企业对人才的需求情况，从而优化人才培养方案，提升人才培养质量。

2. 高校对教育资源的优化配置

在产学合作项目中，高校对教育资源的优化配置是确保合作效率提高的关键。通过数据分析，高校可以更全面地了解自身教育资源的利用情况，从而优化资源配置，提高教育资源的利用效率。高校可以通过分析学生在第二课堂成绩单中的表现，评估不同教育资源的利用效果。例如，高校可以分析学生参与不同类型第二课堂活动的情况，了解哪些活动更受学生欢迎、哪些活动对学生的综合素质提高效果更显著。基于这些数据，高校可以优化第二课堂活动的设置和管理，提高教育资源的利用效率。高校还可以结合第一课堂成绩单和学生在第二课堂中的表现，进行综合分析。通过分析学生在不同课程和活动中的表现，高校可以了解哪些课程和活动对学生的综合素质提高效果更显著，从而优化课程设置和教学资源分配。例如，高校可以增加那些对学生综合素质提高效果显著的课程和活动的课时和投入，减少那些效果不显著的课程和活动的课时和投入。

此外，高校还可以利用数据分析手段，对教育资源进行预测和规划。通过分析历史数据和发展趋势，高校可以预测未来一段时间内对某一类型教育资源的需求情况，从而提前制订资源配置计划；还可以与企业合作，共同开展教育资源需求分析研究，为教育资源的优化配置提供参考。在产学合作项目中，高校对教育资源的优化配置不仅有助于提高合作效率，而且能够促进高校自身的可持续发展。

（二）数据应用在产学合作项目中的实施

1. 数据分析结果的共享与交流

数据分析结果的共享与交流是产学合作项目成功实施的基础。通过构建数据共享平台，高校与企业可以实时共享第二课堂成绩单中的数据分析结果，促进双方在信息层面的互通与协同，为产学合作项目的深入实施提供有力的支持。数据共享平台的建设是实现数据分析结果共享与交流的前提。高校与企业可以共同开发或选用现有的数据共享平台，确保双方能够实时访问和更新数据。这些数据包括学生在第二课堂中的活动记录、成绩表现、能力评估等，以及企业的人才需求预测、市场趋势分析等。通过数据共享平台，高校与企业可以方便地获取所需信息，为产学合作项目的决策提供数据支持。

数据分析结果的共享与交流有助于促进产学合作的信息互通与协同。高校可以通过分析学生在第二课堂中的表现，了解学生的兴趣爱好、特长优势及潜在能力，从而为企业推荐合适的人才；企业也可以将自身的人才需求、市场趋势等信息共享给高校，帮助高校优化人才培养方案和课程设置。通过信息共享与协同，高校与企业可以更加精准地对接人才供需，提高产学合作的效率和质量。此外，数据分析结果的共享与交流还有助于促进产学合作双方的知识共享与协同创新，高校与企业可以在数据共享平台上发布各自的研究成果、技术专利等信息，促进双方的知识共享与协同创新。通过合作研发、联合攻关等方式，高校与企业可以共同解决产业发展中的关键技术难题，推动产业升级和创新发展。

2. 数据驱动的教学改革与创新

数据驱动的教学改革与创新是产学合作项目成功实施的核心。通过利用数据分析结果，高校可以更加精准地了解学生的学习需求和能力水平，从而优化教学方法和内容，提升人才培养质量。数据驱动的教学改革有助于实现因材施教。通过分析学生在第二课堂中的活动记录、成绩表现等数据，高校可以了解学生的兴趣爱好、特长优势、潜在能力，从而为学生提供个性化的教学方案。例如，对于在某些领域表现突出的学生，高校可以为其提供更加深入的专业课程和实践机会；对于在某些方面存在短板的学生，高校可以为其提供针对性的辅导和支持。这种因材施教的教学方式有助于激发学生的学习兴趣和积极性，提升人才培养质量。

通过分析学生在第二课堂中的活动记录和数据，高校可以了解学生对不同类型课程的兴趣和需求情况，从而优化课程设置和教学内容。例如，对于受欢迎的课程和活动，高校可以增加课时和投入；对于不受欢迎的课程和活动，高校可以进行调整或取消。此外，高校还可以结合企业的需求和市场趋势，开设与产业发展紧密相关的课程和实践活动，提高学生的实践能力。此外，数据驱动的教学改革还有助于促进教学方法的创新。通过分析学生在第二课堂中的活动记录和数据，高校可以了解学生对不同教学方法的接受程度和效果情况，从而探索更加高效、实用的教学方法。例如，利用大数据分析和人工智能技术，高校可以开发智能化的教学系统和工具，为学生提供更加便捷、个性化的学习体验；通过虚拟现实、增强现实等技术手段，高校可以为学生提供更加沉浸式的实践体验和学习环境。

3. 基于数据分析的产学合作模式探索

基于数据分析的产学合作模式探索是产学合作项目成功实施的重要途径。通过利用数据分析结果，高校与企业可以共同探索新的产学合作模式，推动产学合作模式的创新与发展。通过分析学生在第二课堂中的活动记录和数据，高校可以了解学生对不同类型实践活动的兴趣和需求情况，从而与企业共同开发新的实践项目和活动。这些实践项目和活动可以围绕产业发展中的关键技术难题、市场需求等方面展开，通过产学合作的方式共同解决产业发展中的实际问题。通过协同创新，高校与企业可以共同推动产业升级和创新发展。此外，基于数据分析的产学合作模式探索还有助于促进产学合作的可持续发展。通过分析学生在第二课堂中的活动记录和数据，高校可以了解学生对产学合作项目的满意度和反馈情况，从而及时调整和优化产学合作项目的实施方案。同时，企业也可以将自身在产学合作项目中的经验和成果共享给高校，帮助高校提升产学合作项目的质量和效果。通过持续改进和优化，高校与企业可以共同推动产学合作项目的可持续发展。

第七章 高校第二课堂成绩单的质量保障与监控

第一节 第二课堂成绩单的质量标准制订

一、第二课堂成绩单质量标准的必要性

（一）提高学生综合素质

随着社会经济的快速发展和全球化竞争的加剧，对人才的需求已从单一的专业技能转向综合素质的全面发展。高校作为人才培养的重要基地，不仅要关注学生的专业知识学习，而且要重视其综合素质的培养。第二课堂成绩单作为评价学生综合素质的重要依据，其质量标准的制定直接关系到学生综合素质提高的效果。第二课堂成绩单能够全面反映学生在课堂之外的学习和活动情况，通过记录学生在社会实践、志愿服务、创新创业、文化艺术、身心发展等方面的表现，第二课堂成绩单为学生提供了一个展示自我、提高综合素质的平台。质量标准的制定可以确保这些记录和评价的客观性、公正性和准确性，从而激励学生积极参与各类活动，不断提高自身综合素质。

第二课堂成绩单的质量标准应体现对学生综合素质的多元化评价。第二课堂成绩单的质量标准应涵盖思想政治、道德修养、社会实践、创新创业、文化艺术、身心发展等多个维度，以全面评价学生的综合素质和能力。这种多元化评价不仅有助于学生发现自身优势和不足，而且能促进其全面发展。此外，第二课堂成绩单的质量标准应有助于引导学生形成正确的世界观、人生观、价值观，通过明确第二课堂成绩单的评价标准和要

求，高校可以引导学生积极参与有意义的社会实践和志愿服务活动，培养其社会责任感和公民意识。同时，第二课堂成绩单的质量标准还可以激励学生关注个人成长和发展，形成积极向上的世界观、人生观、价值观。

（二）促进教育公平与质量的保障

教育公平与质量是衡量一个国家或地区教育发展水平的重要指标。高校作为高等教育的重要组成部分，其教育公平与质量的保障对于整个教育体系的发展具有重要意义。第二课堂成绩单质量标准的制订对于促进教育公平与质量的保障具有重要作用，有助于实现教育资源的公平分配。通过明确第二课堂成绩单的评价标准和要求，高校可以确保每名学生都有机会参与各类课外活动和社会实践，从而享受到公平的教育资源。

第二课堂成绩单质量标准的制订还有助于提升教育质量。通过制订科学合理的质量标准，高校可以确保第二课堂成绩单的评价结果客观、公正、准确，不仅可以为高校提供准确的学生综合素质评价依据，而且可以促进高校不断改进教学方法和手段，提升教育质量。同时，第二课堂成绩单的质量标准还可以激励教师积极参与第二课堂活动的教学和指导工作，提高教师的专业素养，提升教学水平。此外，第二课堂成绩单质量标准的制订有助于推动高等教育的国际化发展。随着全球化的不断深入，高等教育的国际化已成为必然趋势。通过制订符合国际标准的第二课堂成绩单质量标准，高校可以与国际接轨，提升其在全球高等教育体系中的竞争力。第二课堂成绩单的质量标准还可以促进高校之间的国际合作与交流，推动高等教育的国际化发展。

（三）助力高校人才培养目标的实现

高校作为人才培养的重要基地，其人才培养目标的实现直接关系到国家的未来发展和竞争力。第二课堂成绩单作为评价学生综合素质的重要工具，其质量标准的制订对于助力高校人才培养目标的实现具有重要意义。第二课堂成绩单质量标准的制订有助于明确高校人才培养目标。通过制订科学合理的质量标准，高校可以明确第二课堂成绩单在人才培养过程中的地位和作用，进而明确人才培养的目标和要求，不仅可以为高校提供清晰的人才培养方向，而且可以为教师和学生提供明确的学习与发展目标。

通过明确第二课堂成绩单的评价标准和要求，高校可以不断优化人才培养模式，注重培养学生的综合素质和实践能力，不仅可以提升学生的就业竞争力，而且可以为社会培养更多具有创新精神和实践能力的高素质人才。此外，第二课堂成绩单质量标准的制订还有助于推动高校教育教学改革。通过制订科学合理的质量标准，高校可以推动教育教学改革向纵深发展。例如，高校可以加强实践教学和创新创业教育，注重培养学生的创新精神和创业能力；同时，高校还可以加强师资队伍建设，提高教师的专业素养，提升教师的教学水平。这些改革措施的实施将有助于推动高校教育教学质量的不断提升，助力高校人才培养目标的实现。

二、第二课堂成绩单质量标准的制订原则

（一）全面性与针对性相结合

1. 全面性原则

全面性原则强调在制订第二课堂成绩单质量标准时，应充分考虑学生在多个维度和领域的表现，确保评价的广度与深度。这一原则旨在构建一个全面、系统的评价体系，以全面反映学生的综合素质。全面性原则要求评价标准应涵盖学生综合素质的各个方面，包括学生的思想政治素质、道德品质、学术能力、实践能力、创新能力、身心健康等多个维度。通过制订涵盖这些方面的评价标准，可以确保第二课堂成绩单能够全面、准确地反映学生的综合素质。

全面性原则也要求评价内容应具有深度，意味着评价标准不仅要关注学生的表面表现，如参与活动的次数和获奖情况等，而且要深入挖掘学生的内在素质和能力，如学生的思维能力、团队协作能力、领导能力等。通过制订具有深度的评价标准，可以更加准确地评价学生的综合素质，为高校人才培养提供有力的支持。此外，全面性原则还要求评价过程应公开、透明，确保评价的公正性和客观性，可以通过建立科学的评价流程、明确的评价标准和严格的审核机制来实现。同时，高校还应加强对第二课堂成绩单质量标准的宣传和推广，提高师生对评价标准的认识和重视程度，共

同维护评价的公正性和客观性。

2. 针对性原则

针对性原则强调在制订第二课堂成绩单质量标准时，应关注学生的个体差异，实现个性化评价。这一原则旨在确保评价能够准确反映每名学生的独特性和优势，为高校人才培养提供有针对性的指导。针对性原则要求评价标准应具有一定的灵活性，由于每名学生在兴趣、特长、能力等方面存在差异，因此，评价标准应具有一定的灵活性，以适应不同学生的需求。例如，对于在某些领域具有特殊才能或兴趣的学生，可以制订相应的特殊评价标准，以更好地评价其综合素质。

针对性原则要求评价过程应注重学生的自我反思和自我评价，通过引导学生进行自我反思和自我评价，可以帮助学生更加深入地了解自己的优势和不足，为未来的学习和发展提供有针对性的指导。高校还可以将学生的自我评价纳入第二课堂成绩单的评价体系中，以增强评价的针对性。此外，针对性原则还要求评价结果应具有指导性和建设性，意味着评价应是对学生未来发展的指导和建议。高校应根据评价结果，为学生提供个性化的学习和发展建议，帮助其制订更加符合自身特点的学习和发展计划。

（二）客观性与公正性并重

1. 客观性原则

客观性原则强调在制订第二课堂成绩单质量标准时，应基于事实和数据，确保标准的科学性和准确性。客观性原则要求标准的制订应基于广泛的数据收集和深入分析，包括对学生参与第二课堂活动的种类、频率、质量等方面的数据进行统计和分析，以了解学生的实际参与情况和表现水平，通过数据分析，可以制订出更加符合实际情况、具有可操作性的质量标准。

客观性原则也要求标准的制订应明确具体、可量化。第二课堂成绩单质量标准应包含清晰、明确的评价指标和评分细则，这些指标和细则应具有可量化性，以便对学生的表现进行客观、准确的衡量。例如，可以设定参与活动的次数、时长、获奖情况等指标，并制订相应的评分标准，以确保评价的公正性和准确性。此外，客观性原则还要求标准的制订应具有一定的灵活性和适应性。随着教育模式的转变和学生需求的多样化，第二课堂活动的种类和形式也在不断变化。因此，第二课堂成绩单质量标准应具有一定的灵活性和适应性，能够根据实际情况进行调整和完善，以确保其持续有效性和科学性。

2. 公正性原则

公正性原则强调在制订第二课堂成绩单质量标准时，应确保标准的公平性和公信力，使所有学生都能在公平的环境下接受评价。公正性原则要求标准的制订应充分考虑学生的个体差异和多样性，不同的学生具有不同的兴趣、特长和背景，因此，在制订第二课堂成绩单质量标准时，应充分考虑这些因素，确保标准的公平性和包容性。例如，可以设定不同类型的第二课堂活动供学生选择，并根据学生的实际情况和兴趣特长给予相应的评价与认可。

公正性原则要求标准的制订应公开透明、可监督。在制订第二课堂成绩单质量标准时，应广泛征求师生意见，确保标准的制订过程公开透明、民主参与，建立相应的监督机制，对标准的执行情况进行监督和评估，确保其公正性和有效性。此外，公正性原则还要求标准的制订应具有一定的稳定性和连续性。第二课堂成绩单质量标准作为评估学生综合素质和课外活动参与情况的重要依据，应具有稳定性和连续性，确保评价的公正性和公信力。在制订标准时，应充分考虑历史数据和实际情况，确保标准的连续性和一致性。

（三）可操作性与灵活性兼顾

1. 可操作性原则

可操作性原则强调在制订第二课堂成绩单质量标准时，应确保标准易于理解、执行和监控，以便在实际操作中能够得到有效应用。可操作性原则要求标准应具体明确、易于理解。第二课堂成绩单质量标准应包含清晰、具体的评价指标和评分细则。这些指标和细则应具有高度的明确性，使得评价者能够迅速理解并准确应用。例如，可以设定具体的活动类型、参与时长、成果展示等评价指标，并明确每个指标的评分标准和权重，以便在实际操作中进行量化评估。

可操作性原则要求标准还应便于执行和监控。第二课堂成绩单质量标准的制订应考虑到实际操作的便利性，确保标准易于执行和监控，包括建立相应的数据收集、分析和反馈机制，以便对学生在第二课堂活动中的表现进行实时跟踪和评估。同时，应建立有效的监督机制，对标准的执行情况进行定期检查和评估，确保标准的有效实施。此外，可操作性原则还要求标准应具有可复制性和推广性。在制订第二课堂成绩单质量标准时，应考虑到不同高校、不同学科之间的差异性，确保标准具有一定的通用性和可复制性，应积极探索和推广成功的实践经验和案例，为其他高校提供可借鉴的参考和启示。

2. 灵活性原则

灵活性原则强调在制订第二课堂成绩单质量标准时，应充分考虑变化的需求和多样性，确保标准能够适应不同情境和条件的变化。灵活性原则要求标准应具有一定的弹性和适应性。第二课堂成绩单质量标准应根据不同学科、不同年级、不同学生的特点和需求进行调整与完善。例如，可以设定不同层次、不同类型的评价标准，以适应不同学生的实际情况和发展需求；应建立相应的调整机制，对标准进行定期评估和修订，以确保其持续有效性和适应性。

灵活性原则要求标准还应能够响应外部环境和内部条件的变化。随着社会经济的发展和教育改革的深入，第二课堂活动的种类和形式也在不断变化。因此，第二课堂成绩单质量标准应具有一定的前瞻性和预见性，能够预见并适应未来可能的变化。例如，可以设定一些前瞻性的评价指标，如创新能力、团队协作能力等，以鼓励学生参与具有前瞻性和创新性的活动。此外，灵活性原则还要求标准应能够促进学生个性化发展。在制订第二课堂成绩单质量标准时，应充分尊重学生的个体差异和多样性，鼓励学生根据自己的兴趣和特长选择适合自己的活动类型与形式，建立相应的激励机制，对表现突出的学生进行表彰和奖励，以激发学生的积极性和创造力。

第二节　第二课堂成绩单的质量监控体系

一、第二课堂成绩单质量监控体系的构成要素

（一）监控主体与职责

1. 监控主体的多元构成

高校第二课堂成绩单质量监控体系的监控主体是一个由多层次、多维度主体共同构成的复合体系。这一体系旨在通过不同视角、不同层面的监控，确保第二课堂成绩单评价的全面性、客观性和公正性。具体而言，监控主体主要包括以下几个层面：

第一，校级监控主体。以高校教务处、学工部为核心，负责从宏观层面制定第二课堂成绩单质量监控的总体方针、政策和标准，校级监控主体在体系中发挥着引领和协调作用，确保监控工作与学校整体教育目标保持一致。

第二，院级监控主体。各学院作为第二课堂活动的主要组织者和管理者，其负责人及教务办等二级机构构成院级监控主体，负责具体执行校级监控主体制定的政策和标准，结合学院实际情况，细化监控措施，确保第二课堂活动的质量和效果。

第三，系级监控主体。系或实验室的负责人及教师团队构成系级监控主体，负责具体课程的改革和管理，对第二课堂活动进行直接的指导和监督，确保活动内容与教学目标相契合，提升活动的教育价值。

第四，学生组织与学生代表。作为第二课堂活动的直接参与者和受益者，学生组织和学生代表在质量监控体系中具有重要地位，通过提供反馈意见、参与活动评价等方式，促进监控体系的持续改进和完善。

第五，外部监控主体。外部监控主体主要包括社会第三方评价机构、行业专家等，可以从更广阔的视角对第二课堂成绩单质量进行客观评价，为高校提供外部监督和改进建议。

2. 监控主体的职责界定

明确监控主体的职责是确保第二课堂成绩单质量监控体系有效运行的关键。各监控主体在体系中扮演着不同的角色，承担着各自的职责，校级监控主体负责制订第二课堂成绩单质量监控的总体框架、标准和流程，确保监控工作与学校整体教育目标相契合，同时，负责协调各学院、部门之间的合作，推动监控体系的持续改进和完善。院级监控主体具体执行校级监控主体制订的政策和标准，结合学院实际情况，细化监控措施，确保第二课堂活动的质量和效果，负责收集、分析和反馈活动数据，及时发现和解决问题，提升活动的教育价值。

系级监控主体负责具体课程的改革和管理，对第二课堂活动进行直接的指导和监督，通过评估活动内容与教学目标的一致性，确保活动能够有效提高学生的综合素质和实践能力。外部监控主体主要从社会第三方评价机构、行业专家等角度对第二课堂成绩单质量进行客观评价，为高校提供外部监督和改进建议，他们的参与有助于增强监控体系的公信力和科学性。

（二）监控对象与内容

1. 监控对象

高校第二课堂成绩单质量监控体系的监控对象是涵盖了与第二课堂成绩单相关的多维度、全方位实体，这些监控对象共同构成了质量监控体系的主体框架，确保监控工作的全面性和深入性。作为第二课堂成绩单的主要记录对象，学生的参与度、表现及成果是质量监控的重点，监控内容应涵盖学生在创新创业、社会实践、志愿服务、文化艺术、体育活动、工作履历、技能特长、思想成长等方面的经历和成果。作为第二课堂活动的组织者和指导者，教师的专业素养、教学态度、指导效果直接影响到第二课堂成绩单的质量，监控内容应包括对教师的教学计划、指导过程、学生评价等方面的考查。第二课堂成绩单中的课程项目是连接学生与教师的桥梁，其质量直接影响到学生的参与度和学习成果，监控内容应涵盖课程项目的设置、实施、评估、反馈等各个环节。

2. 监控内容

在明确了监控对象之后，接下来需要明确的是监控的具体内容。监控内容应围绕第二课堂成绩单的核心要素，从多维度、深层次进行考量，以确保监控工作的全面性和深入性。通过统计学生参与第二课堂活动的次数、时长、类型等数据，评估学生的参与热情和积极性，结合学生的反馈意见，了解学生对第二课堂活动的满意度和改进建议。通过评估学生在创新创业、社会实践、志愿服务等方面的表现和成果，衡量学生综合素质的提高情况，监控内容应涵盖学生的实践能力、团队协作能力、创新思维等方面。

关于教师教学质量的监控，应通过收集学生对教师的评价、观察教师的教学过程及成果展示等方式，评估教师的教学质量，监控内容应关注教师的教学态度、专业素养、指导效果等方面。此外，通过对课程项目的设置、实施、评估、反馈等各个环节进行监控，确保课程项目符合教育目标和学生需求，监控内容应涵盖课程项目的科学性、实践性、创新性等方面。

（三）监控方法与手段

1. 监控方法

高校第二课堂成绩单质量监控体系的监控方法应注重多元化和综合性的运用，以确保监控工作的全面性和深入性。

第一，定量分析与定性评价相结合。定量分析通过统计学生在第二课堂活动中的参与次数、时长、成果数量等具体数据，为质量监控提供客观依据；定性评价通过对学生活动表现、创新能力、团队协作等方面的主观评价，为质量监控提供更为全面和深入的信息。两种方法相结合，可以确保监控结果的客观性和准确性。

第二，过程监控与结果评价相结合。过程监控关注第二课堂活动的组织、实施、指导等各个环节，确保活动按照既定目标和计划有序进行；结果评价通过对学生活动成果、综合素质提高等方面的评估，衡量第二课堂活动的实际效果。将过程监控与结果评价相结合，可以确保监控工作的连续性和有效性。

第三，内部监控与外部评价相结合。内部监控主要由高校自身负责，通过设立专门的监控机构、制订明确的监控标准和流程等方式，对第二课堂成绩单质量进行内部管理和监督；外部评价通过引入第三方评价机构、行业专家等外部力量，对第二课堂成绩单质量进行客观、公正的评价。内外部监控相结合，可以确保监控结果的权威性和公信力。

第四，自我监控与相互监督相结合。鼓励学生、教师及管理人员进行自我监控，通过反思和总结自身在第二课堂活动中的表现和经验教训，不断提高自身素质和能力，同时，建立相互监督机制，促进不同主体之间的相互监督和协作，形成共同提升的良好氛围。

2. 监控手段

随着信息技术的不断发展，高校第二课堂成绩单质量监控体系的监控手段也日益信息化和智能化，这些先进的监控手段为质量监控工作提供了更为便捷、高效和精准的支持。建立专门的第二课堂成绩单信息化管理系统，实现对学生参与活动、成果记录、学分计算等各个环节的信息化管理，通过系统可以实时跟踪学生的活动情况，自动生成成绩单和统计分析报告，为质量监控提供有力支持。利用大数据分析技术对学生参与第二课堂活动的数据进行深度挖掘和分析，揭示活动参与与综合素质提高之间的内在联系和规律，通过数据分析可以及时发现潜在问题，为质量监控提供科学依据。

引入人工智能技术，如自然语言处理、图像识别等，对第二课堂活动的组织、实施、指导等各个环节进行智能监控。通过人工智能技术可以自动识别活动中的问题，提供预警和建议，提高监控工作的效率，增强其准确性。利用移动互联技术，如智能手机、平板电脑等终端设备，实现对学生参与第二课堂活动的实时跟踪和记录。通过移动互联技术可以方便地将监控结果反馈给学生、教师及管理人员，促进信息的及时共享和交流。

二、第二课堂成绩单质量监控体系的具体实施

（一）监控过程与步骤

1. 制订监控计划

制订监控计划是质量监控体系实施的第一步，也是最为关键的一步。

在这一阶段，需要明确监控的目标、标准、范围及具体的监控措施和流程。监控目标应紧密围绕第二课堂成绩单的核心要素，如学生参与度、活动质量、成果展示等，旨在通过监控确保第二课堂成绩单的真实性和有效性。监控标准应基于教育目标和学生发展需求，明确学生在第二课堂活动中的表现应达到的水平。这些标准应具有可衡量性、可操作性和可达成性，以便为后续的监控和评估提供依据。监控框架应包括监控对象、监控内容、监控方法、监控周期等方面的规定。通过构建清晰的监控框架，可以确保监控工作的有序进行和有效实施。在明确监控目标、标准和框架的基础上，制订详细的监控计划。监控计划应包括监控的时间节点、责任主体、具体任务、预期成果等方面的内容，以便为后续的实施工作提供指导。

2. 实施监控与反馈

实施监控与反馈是质量监控体系实施的核心环节。在这一阶段，需要按照监控计划的要求，严格执行各项监控措施，并及时收集、整理和分析反馈信息。根据监控计划的要求，各责任主体应按时、按质、按量完成各自的监控任务。在执行过程中，应注重数据的真实性和准确性，确保监控结果的客观性和有效性。通过问卷调查、访谈、观察等多种方式，及时收集学生、教师和管理人员对第二课堂活动的反馈意见。这些反馈意见应涵盖活动质量、学生参与度、成果展示等方面，以便为后续的分析和改进提供依据。对收集到的反馈信息进行整理和分析，提炼出有价值的信息和数据。通过数据分析，可以了解第二课堂活动的现状、存在的问题及潜在的发展趋势，为后续的改进工作提供科学依据。将监控结果及时反馈给相关责任主体和学生本人，反馈内容应客观、准确、具体，旨在帮助责任主体和学生了解自身在第二课堂活动中的表现及存在的问题，为后续的改进工作提供方向。

3. 持续改进与调整

持续改进与调整是质量监控体系实施的最终目标。在这一阶段，需要根据监控结果的反馈，对监控体系进行不断的优化和调整，以确保其适应教育目标和学生发展需求的变化。针对监控结果中反映出的问题，进行深入的分析和探讨，通过分析问题产生的原因和影响因素，为后续的改进工作提供有针对性的建议。基于问题原因的分析，制订具体的改进措施。这些措施应针对监控结果中反映出的具体问题，旨在通过改进提升第二课堂成绩单的质量。根据改进措施的实施情况，对监控体系进行优化和调整，优化内容可能包括监控方法的改进、监控标准的提升、监控周期的调整等方面，以确保监控体系能够适应教育目标和学生发展需求的变化。为了确保监控体系的持续改进和有效运行，需要建立长效机制，包括定期评估监控体系的有效性、及时更新监控标准和方法、加强监控人员的培训等方面，以确保监控体系能够适应不断变化的教育环境和学生需求。

（二）监控结果的应用

1. 监控结果在教育决策与资源配置中的应用

通过分析监控结果，教育管理者可以清晰地了解到不同课程、活动或项目在学生综合素质提高中的实际效果，有助于教育管理者根据监控结果调整教育资源的分配，将更多的资源投入到效果显著、学生受益较大的课程和活动中，从而提高教育资源的使用效率。监控结果还可以为课程与活动设计提供重要参考，通过分析学生在第二课堂活动中的参与度、满意度和成果展示情况，教育管理者可以了解到哪些课程和活动更符合学生的兴趣与需求、哪些课程和活动需要改进或优化，有助于设计出更符合学生实际、更能激发学生潜能的课程和活动。此外，监控结果的应用还可以促进教育公平与质量提升，通过对比不同群体或地区学生在第二课堂活动中的表现，教育管理者可以及时发现和解决教育过程中存在的不公平现象与问题。

2. 监控结果在学生成长与发展中的应用

通过分析监控结果，学生可以了解到自己在第二课堂活动中的优势和不足，从而制订出更符合自身实际和需求的个性化学习与发展规划，有助于学生更好地规划自己的学习生涯，提高综合素质。监控结果的应用还可以激发学生的学习兴趣与动力。当学生看到自己在第二课堂活动中的进步和成果时，会感到成就感和满足感，从而更加积极地投入到学习和活动中，这种正向的激励机制有助于培养学生的自主学习能力和创新精神。通过分析监控结果，学生可以了解到自己在综合素质提高方面的情况，包括知识积累、能力提高、情感态度价值观等方面，有助于学生更全面地认识自己，发现自己的潜力和优势，从而有针对性地提高自己的综合素质和全面发展能力。

第三节　提升第二课堂成绩单质量的策略

一、课程体系与教学内容的优化策略

（一）完善课程体系，确保课程连贯性

1. 构建多元化、层次化的课程结构

课程体系是教学活动的基石，其完善程度直接影响着第二课堂成绩单的质量。为了构建一个既全面又具有针对性的课程体系，高校应明确第二课堂成绩单的培养目标，即促进学生全面发展，提高其综合素质。在此基础上，课程体系应体现出多元化和层次化的特点。

多元化体现在课程类型的丰富性上，包括但不限于学术讲座、实践实训、社团活动、志愿服务等，这些不同类型的课程能够满足学生多样化的学习需求，激发其学习兴趣和动力。同时，多元化还体现在课程内容的跨学科性上，通过整合不同学科的知识和方法，培养学生的综合素养和创新能力。层次化体现在课程难度的递进性上。高校应根据学生的年级、专业和学习基础，设置不同难度的课程，形成由易到难、由浅入深的教学体系。这样，学生可以在逐步深入的学习过程中，系统地掌握知识和技能，形成完整的知识结构和能力体系。为了确保课程体系的完善性，高校还应加强课程之间的衔接和协调，通过制订统一的教学大纲和课程标准，明确各门课程的教学目标、教学内容和教学方法，确保学生在不同课程之间能够顺畅地过渡和学习。

2. 实现课程内容与目标的有机统一

课程连贯性是保证教学质量和效果的关键因素。在第二课堂成绩单

中，课程连贯性主要体现在课程内容与目标的有机统一上。为了实现这一目标，高校应明确每门课程的教学目标和要求。教学目标是教学活动的出发点和归宿点，决定了教学内容的选择和组织方式。

课程内容是教学活动的核心，直接关系着学生知识和技能的掌握程度。为了确保课程内容的连贯性，高校应注重课程内容之间的逻辑联系，使前后知识点之间能够相互衔接和支撑；还应注重理论与实践的结合，通过实例分析、案例研讨等方式，加深学生对理论知识的理解和应用。此外，课程评价是教学活动的重要环节，能够对教学效果进行及时反馈和调整。为了确保课程连贯性的实现，高校应建立有效的课程评价机制，定期对课程内容和教学方法进行评估与反馈。通过收集学生的意见和建议，及时调整和优化教学计划，确保教学活动能够持续有效地进行。

（二）更新教学内容，引入前沿知识

1. 确保教学内容的时代性与实用性

教学内容是教学活动的核心，其质量与时代性直接影响着学生学习效果的提升和综合素质的提高。因此，更新教学内容，确保其与时代发展相契合，是提升第二课堂成绩单质量的首要任务。

一方面，高校应密切关注学科发展动态，及时将最新的研究成果、学术观点和实践经验融入教学内容中，不仅能够使学生掌握最新的学科知识，而且能够培养他们的创新思维。通过引入学科前沿知识，可以激发学生的学习兴趣与探索欲望，促进他们主动学习、深入研究。另一方面，高校应注重教学内容的实用性，加强与企业、行业的联系，了解社会对人才的需求，进而调整和优化教学内容。通过引入实际案例、项目实践等，使学生能够将所学知识应用于解决实际问题中，提高他们的实践能力和职业素养，不仅能够提升学生的就业竞争力，而且能够促进产学研用一体化发展。

2. 拓宽学生的知识视野与创新能力

前沿知识是学科发展的引领者，也是培养创新型人才的关键。在第二课堂成绩单中引入前沿知识，对于拓宽学生的知识视野、提高他们的创新能力具有重要意义。前沿知识的引入可以使学生了解学科发展的最新趋势和研究方向，激发他们的学术兴趣与研究热情。通过接触和了解前沿知识，学生可以更加明确自己的学习目标和研究方向，为未来的学术研究和职业发展奠定坚实的基础。

前沿知识的引入还可以培养学生的跨学科思维与综合能力。前沿知识往往涉及多个学科的交叉与融合，通过学习前沿知识，学生可以了解不同学科之间的内在联系和相互作用，进而培养他们的跨学科思维与综合能力，对于提高学生解决复杂问题的能力、培养他们的创新精神具有重要意义。前沿知识的引入也可以促进教学方式的创新与改革。为了使学生更好地理解和掌握前沿知识，教师需要采用更加先进的教学方法和手段，如翻转课堂、混合式学习等。这些新的教学方式不仅可以提升教学效果，而且可以培养学生的自主学习能力和团队协作能力。

（三）加强实践教学，提高应用能力

1. 构建理论与实践相结合的教学体系

实践教学是高等教育的重要组成部分，不仅能够使学生将所学知识应用于实际操作中，而且能够培养他们的实践能力、创新能力和解决问题的能力。因此，加强实践教学，构建理论与实践相结合的教学体系，对于提升第二课堂成绩单质量具有重要意义。

一方面，高校应加大实践教学的比重，将实践教学贯穿于整个教学过程中，通过开设实验课、实训课、实习课等，使学生能够在实践中深化对理论知识的理解，掌握实际操作技能。高校还应注重实践教学的系统性，确保实践教学与理论教学相互衔接、相互促进，形成完整的教学体系。另一方面，高校应创新实践教学模式，采用项目式学习、问题导向学习等先进的教学方法，激发学生的学习兴趣和主动性。通过让学生参与实际项目、解决实际问题，培养他们的团队协作能力、创新思维和解决问题的能力。此外，高校还可以与企业、行业合作，建立校外实践基地，为学生提供更加广阔的实践平台。

2. 注重学生职业素养与综合能力的培养

应用能力是学生将所学知识转化为实际技能的能力，直接关系到学生的就业竞争力和职业发展。因此，提高应用能力、注重学生职业素养与综合能力的培养，是提升第二课堂成绩单质量的另一重要策略。

一方面，高校应注重培养学生的专业技能和职业素养，通过开设专业技能培训课、职业素养提升课等，使学生掌握行业所需的专业技能和职业素养，提升他们的就业竞争力；还应注重培养学生的沟通能力和团队协作能力，使他们能够更好地适应职场环境。另一方面，高校应鼓励学生参与社会实践和创新创业活动。通过参与社会实践，学生可以了解社会需求和行业动态，增强他们的社会责任感和使命感，参与创新创业活动则可以培养学生的创新思维和创业精神，提高他们的创新能力和实践能力。这些经历不仅能够丰富学生的第二课堂成绩单，而且能够为他们的未来发展奠定坚实的基础。

二、学生参与度与自主性的提升策略

（一）激发学生参与第二课堂的积极性

1. 构建激励机制

激励机制是促进学生积极参与第二课堂活动的核心驱动力。高校应建立明确的奖励制度，对在第二课堂中表现突出的学生给予表彰和奖励。这些奖励可以是物质上的，如奖学金、奖品等，也可以是精神上的，如荣誉证书、公开表扬等。通过设立奖项，不仅能够激发学生的竞争意识，而且能够让他们感受到自己的努力和成就得到认可，从而增强参与第二课堂的内驱力。

实施学分认定与转换机制，将第二课堂活动纳入学分管理体系，通过将第二课堂活动与学分挂钩，可以使学生更加重视这些活动，并将其视为学习的重要组成部分。学分认定与转换机制还可以为学生提供更多的学习选择和灵活性，使学生能够根据自己的兴趣和特长选择适合自己的第二课堂活动。此外，还可以引入竞争与合作机制，激发学生的团队精神和协作能力，通过组织各类竞赛、团队项目等活动，让学生在竞争中学习，在合作中成长，不仅能够提升学生的参与度，而且能够培养他们的团队协作能力和解决问题的能力。

2. 优化课程内容与教学形式

优化课程内容与教学形式是提升第二课堂成绩单质量的另一关键，高校应确保课程内容的丰富性和多样性，以满足不同学生的兴趣和需求。第二课堂活动应涵盖学术、艺术、体育、社会实践等多个领域，让学生有机会接触和尝试不同的活动，从而拓宽视野，提高综合素质。创新教学形式，采用互动式、体验式、项目式等教学方法，提升学生的学习兴趣和参与度。互动式、体验式等教学方法能够让学生更加积极地参与到学习过程中，增强他们的学习积极性和主动性。例如，可以通过组织实地考察、模拟演练、小组讨论等活动，让学生在实践中学习和成长。此外，还应注重课程内容的实用性和前瞻性。第二课堂活动应紧密结合社会发展和行业需求，为学生提供具有实用价值的技能和知识，关注未来发展趋势，引入新兴领域和前沿技术，让学生提前了解与掌握未来所需的能力和素质。

（二）提供多样化的学习路径与选择

1. 创新课程内容与形式，拓宽学习边界

创新是提升第二课堂成绩单质量的关键。在课程内容上，应打破传统框架，引入跨学科、跨文化、跨领域的元素，形成具有前瞻性和时代感的新课程。例如，可以结合当前社会热点和科技趋势，开设人工智能、大数据分析、可持续发展等前沿课程，让学生紧跟时代步伐，掌握未来所需技能。同时，课程内容还应注重培养学生的创新能力和解决复杂问题的能力，使他们在面对未知挑战时能够游刃有余。在形式上，第二课堂应充分利用现代信息技术，打造线上线下相结合的学习模式。线上平台可以提供丰富的学习资源和互动空间，如在线课程、虚拟实验室、远程协作工具等，让学生随时随地都能进行学习；线下活动可以注重实践体验和情感交流，如实地考察、工作坊、研讨会等，提高学生的实践能力和团队协作能力。通过线上线下相结合的方式，第二课堂可以为学生提供更加灵活多样的学习路径，满足他们不同的学习需求。

2. 强化个性化指导与支持，促进学生自主学习

个性化指导与支持是提升第二课堂成绩单质量的重要保障。每名学生都有自己的兴趣、特长和学习节奏，因此，第二课堂应提供个性化的学习

计划和指导服务，可以通过建立导师制度、学习小组、学习社区等方式实现。导师可以根据学生的兴趣和需求，为他们提供定制化的学习建议和资源；学习小组可以让学生相互学习、共同进步；学习社区可以为学生提供一个展示自己、交流思想的平台。此外，第二课堂还应注重培养学生的自主学习能力和终身学习习惯，可以通过设置挑战性任务、鼓励自主探索、提供反馈和激励等方式实现。挑战性任务可以激发学生的求知欲和创造力；自主探索可以让学生根据自己的兴趣和需求进行学习，培养他们的独立思考能力和问题解决能力；反馈和激励可以让学生及时了解自己的学习进展与成果，增强他们的学习动力和自信心。

（三）培养学生的自主学习与创新能力

1. 构建自主学习环境，促进学生自我导向学习

为了培养学生的自主学习能力，必须构建一个支持学生自我导向学习的环境。自我导向学习强调的是学生作为学习主体，能够主动设定学习目标、选择学习策略、监控学习过程并评估学习结果。在第二课堂成绩单制度的框架下，意味着要为学生提供多样化的学习资源和灵活的学习路径，鼓励他们根据自己的兴趣和需求进行个性化学习。具体而言，学校可以利用现代信息技术，如在线课程、电子书籍、学术数据库等，为学生提供便捷、高效的学习途径。这些资源应涵盖多个学科领域，满足不同学生的学习需求。建立配备必要学习工具和资源的自主学习空间，如图书馆、学习室、实验室等，为学生提供良好的学习环境。同时，可以配备专业的辅导教师，为学生在学习过程中遇到的困难提供及时的帮助和指导。通过组织跨学科的项目式学习，让学生在解决实际问题的过程中锻炼自主学习和创新能力。这种学习方式能够激发学生的探索欲和创造力，培养他们的团队协作能力。

2. 强化实践教学与创新训练，培养学生的创新能力

为了培养学生的创新能力，必须强化实践教学与创新训练，让学生在实践中探索新知、解决问题、创造价值。在第二课堂成绩单制度的框架下，意味着要为学生提供多样化的实践机会和创新平台，鼓励他们在实践中锻炼创新思维和动手能力。具体而言，学校可以通过开设创新创业

课程、举办创新创业大赛、建立创新创业孵化器等途径，培养学生的创新创业意识和能力。这些活动可以帮助学生了解创新创业的过程和方法，激发他们的创业激情和创新潜力；还可以与企业建立紧密的合作关系，为学生提供实习实训、项目合作等实践机会。通过参与企业的真实项目，学生可以深入了解行业动态和技术前沿，锻炼自己的实践能力和创新能力。此外，通过组织科研兴趣小组、开放实验室、设立科研基金等方式，鼓励学生参与科研活动。科研活动不仅能够提高学生的专业素养和科研能力，而且能够培养他们的创新思维和解决问题的能力。

参考文献

［1］乐上泓．高校第二课堂成绩单制度体系的理论与实践探索：以闽江学院为例［M］．北京：光明日报出版社，2021．

［2］谢相勋．高校第二课堂活动课程研究［M］．成都：四川大学出版社，2012．

［3］丛峰，李宗霖，赵娜．基于高校第二课堂的思想政治教育与人文素质教育研究［M］．长春：吉林大学出版社，2022．

［4］庞国伟，姜利寒，龙柯．高校第二课堂建设：以立德树人和人才培养为中心［M］．成都：四川大学出版社，2021．

［5］宋洪峰，余晶莹．全面发展视域下高校第二课堂素质育人新解［M］．北京：光明日报出版社，2020．

［6］王鹏．高校"第二课堂成绩单"制度建设刍议［J］．学校党建与思想教育，2024，（08）：81-83．

［7］浦娟，王珂，李天凤．"三全育人"视角下高校共青团"第二课堂成绩单"制度的育人作用［J］．学校党建与思想教育，2023，（11）：85-87．

［8］李英泽．高校第二课堂成绩单制度建设路径探索［J］．教育观察，2022，11（34）：13-15+19．

［9］王鹏，牛小萌．基于"第二课堂成绩单"制度的大学生综合素质评价体系建设实践探索［J］．北京教育（德育），2024，（04）：80-83．

［10］云兵兵，马国超，孙磊．高校共青团第二课堂育人机理研究［J］．大学教育，2024，（07）：102-104+114．

［11］陈继旭，袁德润．核心素养视域下高校"第二课堂"的价值与实践关照［J］．教育理论与实践，2023，43（15）：56-60．

［12］程海艳. 基于"三全育人"的"第二课堂成绩单"实施策略探讨［J］. 科学咨询（教育科研），2024，（04）：18-22.

［13］程静. 高职院校"第二课堂成绩单"制度实施现状、困境以及对策［J］. 科教文汇（上旬刊），2021，（01）：139-140.

［14］刘丽，袁建勤. "互联网+"高校社团建设与管理机制探索［J］. 甘肃教育研究，2022，（05）：130-134.

［15］邵建勋，邓海漫. 高校第二课堂活动质量评价的困境及改进策略［J］. 科教导刊，2024，（02）：9-12.

［16］彭俊，徐曼，冯杭州. "三全育人"格局下"第二课堂成绩单"制度运行机制实践与探究［J］. 大学，2023，（19）：44-47.

［17］葛皎丽，沈小虎，邓洋阳，等. 第二课堂成绩单制度在电商类大学生创新创业教育中的应用研究［J］. 江苏科技信息，2024，41（15）：68-72.

［18］肖静雅，徐欣彤. 以第二课堂为载体提升高职院校学生就业能力［J］. 中国就业，2024，（08）：78-80.

［19］蔡华燕. 高校"第二课堂成绩单"制度下线上阅读推广模式实践研究［J］. 河南图书馆学刊，2022，42（08）：74-77.

［20］邵丽华，卞梦瑶. 推进高校第二课堂建设发挥第二课堂育人实效［J］. 中国共青团，2023，（24）：65-67.

［21］王冠英，周炯焱. 高校第二课堂美育现状审视与优化路径［J］. 学校党建与思想教育，2022，（21）：50-52.

［22］蒋文嵘. 基于三种导向思维的高校第二课堂成绩单制度设计与实施策略［J］. 科教导刊，2022，（16）：16-18.

［23］薛祝缘，张育华，钱育林，等. "第二课堂成绩单"制度实施现状及发展建议［J］. 品位·经典，2022，（10）：105-108.

［24］张承龙，张辉. "双创"背景下高校"第二课堂"实践探析［J］. 科技创业月刊，2022，35（04）：85-88.

［25］谢露诚，麦碧红，朱健文. 基于"第二课堂成绩单"制度高校校园文化建设的路径探析［J］. 文化产业，2022，（06）：166-168.

［26］袁家和，刘有新．高校"第二课堂成绩单"育人体系建设与实践——以芜湖职业技术学院"第二课堂成绩单"制度为例［J］．职业，2024，（02）：72-74．

［27］赵文娜．体育品德融入高校第二课堂的育人路径探析［J］．科学咨询（科技·管理），2022，（12）：55-57．

［28］罗贵庆，覃展翔，苏子贵．"提质培优"背景下第二课堂思想教育建设路径探究［J］．广西农业机械化，2024，（01）：44-47．

［29］吴卉君．依托"PU"平台的高职院校"第二课堂成绩单"实践探索——以江苏信息职业技术学院为例［J］．现代商贸工业，2022，43（08）：190-191．

［30］姜婉，陆小丹．"第二课堂成绩单"对高职院校就业工作的推动作用——以常州工业职业技术学院为例［J］．科教文汇，2024，（01）：146-149．

［31］韦伟．高校"第二课堂成绩单"促进大学生就业探究［C］//河南省民办教育协会．2024高等教育发展论坛暨思政研讨会论文集（下册）．商洛学院生物医药与食品工程学院，2024：2．

［32］马玲玲．教育生态理论视域下高校第二课堂评价体系的构建［J］．盐城师范学院学报（人文社会科学版），2023，43（06）：69-75．

［33］匡冬青．高校第二课堂探索研究［J］．今传媒，2023，31（11）：181-184．

［34］刘媛媛．新形势下高校第二课堂素质教育体系建设的思考与探索［J］．太原城市职业技术学院学报，2023，（10）：86-88．

［35］张程．高校共青团"第二课堂成绩单"制度的创新探索［J］．新青年（珍情），2023，（03）：18-19．

［36］陈磊，万深艳．新时代高校"第二课堂成绩单"制度育人路径研究［J］．才智，2022，（21）：161-164．